Wilhelm Hauff

Hauffs schönste Gedichte

e-artnow 2019

Wilhelm Hauff

Hauffs schönste Gedichte

Reiters Morgengesang + Bin einmal ein Narr gewesen... + Mutterliebe + Morgenlied + Sehnsucht + Soldatentreue + Stille Liebe + Treue Liebe + Trost + An Sophie an ihrem Hochzeitstage

e-artnow, 2019
Kontakt: info@e-artnow.org

ISBN 978-80-273-1681-6

Inhaltsverzeichnis

Abschiedslied

Auf den 6. März 1823

Zum letztenmal willkommen in dem Bund!
Wir grüßen euch nach alter Burschensitte,
Willkommen! ruft euch jeder frohe Mund,
Wir schließen euch in unsre traute Mitte.
Noch einmal, eh die ernste Stunde flieht,
Laßt uns, ihr Brüder, hoch die Becher schwingen,
In vollem Ton, aus warmer Brust soll laut erklingen
Das Hochgefühl, das jedes Herz durchglüht.
Mit euch, mit euch ziehn in die Ferne hin
Die Herzen alle, die dem Bund geschlagen;
O möchte mit euch stets die Liebe ziehn,
Die ihr für uns in treuem Sinn getragen! –
Und trennte euch von uns so manches Land,
Vergesset nimmer eurer Brüder Scharen,
O möget ihr in treuer Brust die Flamme wahren,
Die in uns webte an des Neckars Strand.
Noch einmal schwebt auf unsern Kreis herab,
Entflohne Geister mancher frohen Stunde,
Vergangenheit, entsteig dem dunkeln Grab,
Gib uns noch einmal deine frohe Kunde!
Zeig uns die Bilder der entschwundnen Lust!
Sind alle Töne schon mit dir verklungen?
Die tönen noch! Es blieben uns Erinnerungen,
Die nie verklingen in der treuen Brust.
Es ist kein Traum, was uns so hehr umschwebt,
Drum laßt den festen Glauben nicht ermatten!
Zur Wahrheit wird's, was kräftig in uns lebt,
Wirft auch das Leben seine dunkeln Schatten.
Drum achtet's klein, was draußen euch bedroht –
Ihr standet hier für Freiheit und für Ehre,
So wollet stehn dem Vaterland zu Schutz und Wehre,
Dies euer Ziel im Leben wie im Tod!
Dem Bunde Heil! Heraus du blanker Stahl,
Daß sich auf dir der alte Schwur erneue!
Reicht Hand in Hand, es töne der Pokal,
Wir schwören euch, ihr schwört uns ew'ge Treue.
So schwören wir im Angesicht der Welt:
Wie dunkel auch die Zeiten sich gestalten,
Das Hochgefühl fürs Vaterland soll nie erkalten,
Wir halten treu, wie auch der Würfel fällt.
Lebt wohl, lebt wohl! Ihr folgt des Schicksals Ruf,
Lebt wohl, lebt wohl! Ihr wackern, treuen Seelen!
Was der Begeistrung Flamme in euch schuf,
O mög es euch zum guten Kampfe stählen!
Ihr steht gewappnet mit des Geistes Kraft,
Drum tretet mutig in des Kampfes Schranken,

Und gilt es hart, ihr werdet stehn und nimmer wanken,
Ihr echten Söhne deutscher Burschenschaft.

Amor der Räuber

Die Unschuld saß in grüner Laube,
    Sie hielt ein Täubchen in dem Schoß;
Und Amor kam: »Gib mir die Taube;
Ein Weilchen nur gib deine Taube«,
    Die Unschuld ließ sie lächelnd los,
Doch hielt sie Täubchen an dem Band,
Das sich um Täubchens Flügel wand.
Doch kaum hat er die weiße Taube;
    So schneidet er den Faden ab;
Und höhnisch lachend mit dem Raube
Entflieht der Räuber aus der Laube
    Und nimmer kehrt der lose Knab.
Und als ihr Täubchen nimmer kam,
Ward sie dem Räuber ewig gram.

An die Freiheit 1823

Was mir so leise einst die Brust durchbebte,
    Als ich zuerst zum Jüngling war erwacht,
Was sich so hold in meine Träume webte,
    Ein lieblich Bild aus mancher Frühlingsnacht;
Und was am Morgen klar noch in mir lebte,
    Was dann, zur lichten Flamme angefacht,
Mit kühner Ahnung meine Seele füllte –
Es wären nur der Täuschung Luftgebilde?
Was ich geschaut im großen Buch der Zeiten,
    Wenn ich der Völker Schicksal überlas,
Was ich erkannt, wenn ich die Sternenweiten
    Der Schöpfung mit dem trunknen Auge maß,
Was ich gefühlt bei meines Volkes Leiden,
    Wenn sinnend ich am stillen Hügel saß –
Ich fühle es an meines Herzens Glühen,
Es war kein Traumbild eitler Phantasien!
Du, stille Nacht, und du, o meine Laute!
    Nur euch, ihr Trauten, hab ich es gesagt;
Ertönt's noch einmal, was ich euch vertraute,
    Erzählt's dem Abendhauch, was ich geklagt,
O sagt's ihm, was ich fühlte, was ich schaute,
    Und was mein ahnend Herz zu hoffen wagt:
O Freiheit, Freiheit! dich hab ich gesungen,
Und meiner Ahnung Lied hat dir geklungen!
Die müde Sonne ist hinabgegangen,
    Der Abendschein am Horizont zerrinnt,
Doch du, o Freiheit, spielst um meine Wangen,
    Stiegst du hernieder mit dem Abendwind?
Nach dir, nach dir ringt heißer mein Verlangen,
    Ich fühl's, du schwebst um mich, so mild, so lind –
O weile hier, wirf ab die Adlerflügel!
Du schweigst? du meidest ewig Deutschlands Hügel?
Wohl lange ist's, seit du so gerne wohntest
    Bei unsern Ahnen in dem düstern Hain;
Dünkt dir, wie gern du auf den Bergen throntest
    Vom eis'gen Belt bis an den alten Rhein?
Mit Eichenkränzen deine Söhne lohntest?
    Das schöne Land soll ganz vergessen sein?
Noch denkst du sein; es wird dich wiedersehen,
Wird auch dein Geist dann längst mein Grab umwehen.

An Emilie

Zum Garten ging ich früh hinaus,
    Ob ich vielleicht ein Sträußchen finde?
Nach manchem Blümchen schaut ich aus,
    Ich wollt's für dich zum Angebinde;
Umsonst hatt ich mich hinbemüht,
    Vergebens war mein freudig Hoffen;
Das Veilchen war schon abgeblüht,
    Von andern Blümchen keines offen.
Und trauernd späht ich her und hin,
    Da tönte zu mir leise, leise,
Ein Flüstern aus der Zweige Grün,
    Gesang nach sel'ger Geister Weise;
Und lieblich, wie des Morgens Licht
    Des Tales Nebelhüllen scheidet,
Ein Röschen aus der Knospe bricht,
    Das seine Blätter schnell verbreitet.
»Du suchst ein Blümchen?« spricht's zu mir,
    »So nimm mich hin mit meinen Zweigen,
Bring mich zum Angebinde *ihr*,
    Ich bin der *wahren* Freude Zeichen.
Ob auch mein Glanz vergänglich sei,
    Es treibt aus ihrem treuen Schoße
Die Erde meine Knospen neu,
    Drum unvergänglich ist die Rose.
Und wie mein Leben ewig quillt
    Und Knosp um Knospe sich erschließet,
Wenn mich die Sonne sanft und mild
    Mit ihrem Feuerkuß begrüßet,
So deine Freundin ewig blüht,
    Beseelt vom Geiste ihrer Lieben,
Denn ob der Rose Schmelz verglüht –
    Der Rose Leben ist geblieben.«

An Sophie an ihrem Hochzeitstage

(2. Febr. 1826)

War eine Witwe lobesam
    Die hatte ein Paar Mädchen,
Zu ihr ein Paar Studenten kam,
    Die Würdigsten im Städtchen.
Sie waren voll Gelehrsamkeit,
    Die beiden Herrn Studenten,
Und brachten's endlich mit der Zeit
    Sogar zum Repetenten.
Der ältste sah die ältste gern;
    Er zog wohl aus bis Bremen,
Doch kam er wieder aus der Fern,
    Das holde Kind zu nehmen.
Der Kleinste sah's und dachte: so?
    Er freit? ich kann's nicht minder;
Die kleinere ist nicht von Stroh,
    Sind beide liebe Kinder.
Da sprach er zu dem altern Herrn
    Und sagte ohne Schämen:
»Du sahst viel Mädchen in der Fern
    In Preußen und in Bremen,
Und doch hast du dein Herz bewahrt,
    Und kamst zu *ihr* gelaufen:
Gestehe, sind sie guter Art –
    Die Mädchen der Frau Hauffen?«
Da sprach der Herre hochgelahrt:
    »Ich rat dir, nimm die Kleine,
Sie ist zwar etwas andrer Art
    Und spitz'ger als die meine,
Sie ist gar zart und fein; wenn schon
    Zuweilen etwas spröde,
Hast du den ersten Kuß davon,
    So ist sie nicht mehr blöde.«
Das Freien ist fürwahr kein Scherz,
    Es machet viel Beschwerden;
Doch faßt der Kleine sich ein Herz,
    Sagt: »Willst du meine werden?«
Sie sagt nicht ja, sie sagt nicht nein,
    Ist still und stumm gewesen,
Doch in der Augen klarem Schein
    Hat er sein Glück gelesen.
Der Kleinste führt die Kleinste heim,
    Sie haben sich gefunden,
Und aus der Freundschaft zartem Keim
    Zwei Früchte schön entstunden.
Drum endet auch der Hochzeitreim,
    Den ich für euch gewunden:

Es fehlte nur der Liebe Leim,
So waren sie gebunden.

Bin einmal ein Narr gewesen...

Bin einmal ein Narr gewesen,
Hab geträumet, kurz doch schwer;
Wollt in schönen Augen lesen,
Daß von Lieb was drinnen wär.
Selig von der Vahr bis Bremen
Schwatzt ich zu der Holden mein;
Muß mich wahrlich heut noch schämen,
Daß ich solch ein Narr konnt sein.
Und die Glut, die in mir brannte,
Barg ich unter heitrem Scherz.
Von dem lieben Schwabenlande
Sprach ich zu dem kalten Herz.
Wollte sie zur Heimat locken,
Wollte alles ihr gestehn,
Doch sie sprach ganz kalt vom Brocken,
Dort sei alles gar zu schön.
Meine Lieb, mein Herz, mein Schwaben
Sind für dich zu eng, zu klein,
Größer willst du alles haben,
Nun so mag dein Harz dich freun!
Fahre wohl, du kaltes Wesen,
Freier blick ich um mich her,
Bin einmal ein Narr gewesen,
Hab geträumet kurz, doch schwer.

Wilhelm Hauff
(29.11.1802 , † 18.11.1827)*

Bundeslied

Geist des Bundes, schwebe nieder,
Deines Altars Flammen glühn,
Aus den Augen meiner Brüder
Seh ich Opferflammen sprühn.
Hörst du unsre Hymnen tönen?
Sie verkünden deinen Ruhm;
Komm herab zu deinen Söhnen
In Germanias Heiligtum.
Der in dieser großen Stunde
Einst der Stifter Herz gerührt,
Der du unsrem lichten Bunde
Einst den Tag heraufgeführt,
Schütze deiner Söhne Scharen
In der kalten, trüben Nacht,
Daß die Flamme sie bewahren,
Die du mächtig angefacht.
Hand in Hand und kampfgerüstet
Nahn wir deinem Festaltar,
Weil den argen Feind gelüstet,
Zu zersplittern unsre Schar.
Doch ob auch der Arge dräute,
Ob die Hölle stürmen mag,
Noch steht herrlich dein Gebäude,
Herrlich, wie am ersten Tag.
Laßt des Bundes Banner wallen,
Töne lauter Festgesang,
Denn schon naht der Geist den Hallen,
Durch die Wölbung tönt sein Gang.
Und er ziehet Zauberkreise
Um der Brüder lange Reihn,
Und Begeistrung ziehet leise
In die trunknen Herzen ein.

Burschenschaftslied

Kommt's von oben, so wird's bestehn,
Ist's von der Erde, muß's untergehn.
(Mel.: Heil, heil dem edeln etc.)
Als einst vom blut'gen Waffentanze
Heim zogen in dem Siegerkranze,
Der deutschen Krieger tapfre Reihn,
Da schwuren sie's mit treuen Händen,
Ob Ost, ob West und Nord sie trennten,
Ein freies deutsches Volk zu sein.
So zogen zu den alten Musen,
Begeisterung im treuen Busen,
Die Burschen aus dem Kampf zurück;
Doch was sie sich so heiß ersehnten,
Was sie so schön zu finden wähnten,
Sie fanden nicht der *Eintracht* Glück.
Noch trennte eines Volkes Brüder
Der alten Zwietracht blut'ge Hyder,
Die alle Freundschaftsbande reißt;
Parteisucht, Stolz und schnöde Rache,
Zerstörten noch die gute Sache
Und hielten fern den bessern Geist.
Da regten sich in bessern Herzen
Der Sehnsucht tiefgefühlte Schmerzen,
Die Wehmut um des Volkes Not –
Und plötzlich lodern auf die Flammen
Und leuchtend schlagen sie zusammen,
Zu einer Flamme Morgenrot.
Es fallen jene rohen Horden,
Es reißen jene alten Orden,
Es sinkt die alte Barbarei;
Und alle Bursche deutscher Lande
Umziehn der Bruderliebe Bande,
Ein Bündnis eint sie frei und treu.
Doch was das Volk so schön entzündet,
Die heil'ge Flamme ist entwendet
Von königlicher Frevelhand;
Geschworne Eide sind gebrochen,
Und noch ist Deutschland ungerochen,
Noch trauert still mein Vaterland?
Auf uns auch schleudern sie die Blitze,
Dort, aus des *hohen Rates* Sitze,
Den sie am Rhein sich aufgebaut,
Doch wir verhöhnen die Philister,
Vor Diplomaten und Minister
Den freien Burschen nimmer graut.
Drum laßt sie drohn und Rache schnauben,
Wir stehen fest in unsrem Glauben,
Wir freie deutsche Burschenschaft.
Der Eid, der uns so treu verbündet,

Das Haus, das wir so fest begründet,
Noch stehen sie in alter Kraft.

Das Burschentum

Wenn die Becher fröhlich kreisen,
Wenn in vollen Sangesweisen
    Tönt so manches Helden Ruhm,
Ja, da muß man dich auch singen,
Muß auch dir die Becher schwingen,
    Dir, du altes Burschentum!
Fragt ihr, wo die Freiheit wohne?
Auf Europas weiter Zone
    Habt ihr nimmer sie gesehn;
Nur bei alter treuer Sitte,
In der Burschen froher Mitte
    Mag ihr Tempel noch bestehn.
Froh und frei, wie's unsre Alten
Einst zu ihrer Zeit gehalten,
    Leben wir, so lang es gilt;
Freuen uns – mit leerer Tasche,
Wenn uns nur aus voller Flasche
    Klar der braune Nektar quillt.
Nicht in marmornen Trophäen
Kann die späte Nachwelt sehen,
    Was wir Brüder hier getan;
Doch zum Denkstein unsern Siegen
Häufen wir aus leeren Krügen
    Hohe Pyramiden an.
Mit dem Humpen in der Linken
Wollen wir dein Wohlsein trinken,
    Altes, frohes Burschentum:
Mit dem Hieber in der Rechten
Wollen wir dich kühn verfechten,
    Freies, tapfres Burschentum!

Den abgehenden Brüdern im Herbst 1823

Vom Himmel ist der Geist entsprossen,
Der unser Herz zum Höchsten hebt,
Der auf die scheidenden Genossen
Noch einmal segnend niederschwebt.
Es schwebt um euch in alle Lande
Der Bruderliebe mildes Licht,
Denn ewig sind des Geistes Bande,
Wenn auch die Zeit die Form zerbricht.
Und feiernd zu dem Bundesmahle
Naht der Erinnrung schönes Bild;
Sie neigt die volle Opferschale,
Daß reich ihr Opfer niederquillt,
Und wie der Strom die grünen Hügel
Auf klarer Welle freundlich zeigt,
Zeigt sie der Freude goldnen Spiegel,
Wenn sie die volle Schale neigt.
Das Tal, das uns so oft gesehen
An seines Stromes grünem Strand,
Und alle Täler, alle Höhen
Aus unsrer Jugend Zauberland,
Und alle Freuden, alle Leiden,
Noch einmal kehren sie zurück,
Noch einmal wollen sie entgleiten
Vor unsrer Brüder trunknem Blick.
Doch was in jener heil'gen Stunde
Begeisternd eure Brust durchdrang,
Als mächtig aus der Brüder Munde
Der wogende Gesang erklang,
Als ihr den Brüdern schwuret Treue,
Des hohen Zweckes euch bewußt,
Das steige heut mit neuer Weihe
Hernieder in der Brüder Brust!
O nennt's nicht Wahn, was euch durchbebte,
Was uns den Busen mächtig füllt,
Der Geist, der feiernd euch umschwebte,
War nicht der Träume Luftgebild;
Jetzt, in der letzten Feierstunde,
Wo Herz an Herz sich fester drückt,
Strahlt euch aus jedem Aug die Kunde:
Es ist kein Traum, was uns beglückt!
Und was wir feiernd jetzt gesungen,
Es war ein ernstes Abschiedswort;
Denn, sind die Töne bald verklungen,
Es lebt der Geist der Töne fort:
»Für Freiheit, Gott und deutsche Ehre,
Für unser liebes Vaterland!«

Dies sei des Bundes letzte Lehre,
Der letzte Druck der Bruderhand.

Der Kompanie bei ihrem ersten Kränzchen im Winter 1821

Heran! heran! du edler Circulus
    Heran! heran! zum frohen Bundesmahle!
Reicht euch die Hand; gebt euch den Bruderkuß,
    Schließt dichter euch bei teegefüllter Schale!
Wir weihen heut, was uns so fest verband,
    O Bruderbund! dir schwören wir aufs neue,
    Und fester Sinn und Bruderlieb und Freundestreue
Sei heut gelobt, wir schwören's Hand in Hand.
Doch wie, mit Tee bereitet ihr das Fest?
    Mit Tee? Kann dies ein deutscher Bursche wagen?
So ist dahin der alten Tage Rest,
    Wo stets beim Bier die flottsten Bursche lagen!
Umsonst mein Aug die vollen Humpen sucht;
    Ruchlos Geschlecht! das sich vom Bier gewendet,
    O Bierkomment, du Väterbrauch! das dich geschändet!
So ist dahin der alten Väter Zucht?
Ja, wißt, erstanden ist ein neu Geschlecht,
    Der alten Roheit Zeiten sind hinüber;
Der Bursche prahlt nicht mehr von Burschenrecht,
    Er zeigt nicht gleich voll Renommage den Hieber;
Ein edler Sinn stieg auf aus blut'gem Streit,
    Es kehrt der Geist uralter Väter wieder.
    Ah! stolzer stehn in deutscher Kraft und frei die Brüder
Hoch auf den Trümmern der vergangnen Zeit.
Zwar hoch in Ehren ist noch stets der Saft,
    Den sich im Wald der alte Kelte braute,
Aus ihm erschlürft der Bursch sich Mut und Kraft
    (Weh! wem vor diesem Nektar jemals graute!);
Doch nur zur Labe trinkt er für sein durstig Herz;
    Nicht brüllt er wie ein Stier bei Saufbanketten:
    »'ne Halbe vor«, »Blitz! Füchslein sauf«, »ich laß dich treten!«
Pfui! roher Zeiten schlecht vererbter Scherz!
Doch wo im trauten, engverbundnen Kranz
    Zur schönen Eintracht Freunde sich verbunden,
Und wo mit Scherz und Laun im Wechseltanz
    Auf leichtem Fuß entfliehn die Abendstunden:
Wenn durch die Lüfte stürmend heult der Wind,
    Der Schnee die Flur bekleidet und der Reifen,
    Da steigt der Dampf zum Äther auf aus Schal und Pfeifen,
Denn Tee und Knaster herrlich Labsal sind.
Drum frisch heran! noch ist die Schale warm,
    Steckt an die Pfeifen, dampft nach alter Weise,
Des Knasters Dampf zerstreue Gram und Harm;
    Seid recht fidel! und jubelt! – aber leise!
Doch ihr erprobten Füchse, die euch heut
    In unsern Kreis geführt der Freundschaft Triebe,
    Reicht uns die Hand zum Unterpfand der Bruderliebe,
Dem Bruderbunde seid hinfort geweiht.

Der Kranke

Blaubeuren 1820

Zitternd auf der Berge Säume
  Fällt der Sonne letzter Strahl,
Eingewiegt in düstre Träume
  Blickt der Kranke in das Tal.
Sieht der Wolken schnelles Jagen
  Durch das trübe Dämmerlicht –
Ach des Busens stille Klagen
  Tragen ihn zur Heimat nicht!
Und mit glänzendem Gefieder
  Zog die Schwalbe durch die Luft,
Nach der Heimat zog sie wieder,
  Wo ein milder Himmel ruft;
Und er hört ihr fröhlich Singen,
  Sehnsucht füllt des Armen Blick,
Ach! er sah sie auf sich schwingen,
  Und sein Kummer bleibt zurück.
Schöner Fluß mit blauem Spiegel,
  Hörst du seine Klagen nicht?
Sag es seiner Heimat Hügel,
  Daß des Kranken Busen bricht.
Aber kalt rauscht er vom Strande
  Und entrollt ins stille Tal,
Schweiget in der Heimat Lande
  Von des Kranken stiller Qual.
Und der Arme stützt die Hände
  An das müde, trübe Haupt;
Eins ist noch, wohin sich wende
  Der, dem aller Trost geraubt;
Schlägt das blaue Auge wieder
  Mutig auf zum Horizont,
Immer stieg ja Trost hernieder
  Dorther, wo die Liebe wohnt.
Und es netzt die blassen Wangen
  Heil'ger Sehnsucht stiller Quell,
Und es schweigt das Erdverlangen,
  Und das Auge wird ihm hell:
Nach der ew'gen Heimat Lande
  Strebt sein Sehnen kühn hinauf;
Sehnsucht sprengt der Erde Bande,
  Psyche schwingt zum Licht sich auf.

Der Mutter zum 24. Dez. 1824

Oft schwimmt ein Schiff durch stille Wogen
Sorglos im heitern Sonnenlicht,
Da fällt vom reinen Himmelsbogen
Ein Blitz der seinen Mast zerbricht:
Das ist des Schicksals schwere Hand,
Drum glücklich wer dem Schlag entronnen
Wer einen Retter sich gewonnen
Der ihn hinausschifft an den Strand!
Das Schiff versinkt. – Du trotzt den Wellen
Auf leichtem Kahn mit schwacher Hand?
Dein Fahrzeug kann ein Stoß zerschellen
Und noch ist's weit bis an den Strand!
Und ohne Anker willst Du ziehn?
Die Nacht umhüllt das Licht der Sterne
Sie leiten Dich nicht aus der Ferne
Zum Hafen Deiner Ruhe hin.
Doch wunderbar! er teilt die Wogen,
Der Kahn fliegt durch der Klippen Reihn,
Durch Stürme ist er hingezogen,
Und in den Hafen läuft er ein. –
Das ist die Mutter, die dies schafft!
Denn, war der Himmel noch so trübe
Sie schiffte mit dem Stern der Liebe
Ihr Anker war des Glaubens Kraft.
Wilhelm

Der Schwester Traum

Sie schläft. – Es ist die letzte Nacht des Jahres,
Und wenn die Morgenglocken wieder tönen,
Grüßt eine neue Zeit das holde Kind.
    Man sagt, in dieser letzten Mitternacht
Entsteigen ihren Gräbern manche Schatten,
Die Seelen schweben von dem Himmel nieder,
Die Heimat und die Freunde zu besuchen.
Auch sie gedachte dieser alten Sage,
Als sie im stillen, einsamen Gemach
Die Ruhe suchte, und den schönen Augen
Entströmten Tränen. Doch, nicht kind'sche Angst
Vor der geheimnisvollen Wiederkehr
Geschiedner Geister trübte ihre Blicke;
Nein, die Erinnrung an geliebte Schatten,
Die Wehmut um so manches teure Grab
Senkte sich nieder in die stille Seele;
Sie hat für sie gebetet und geweint.
    Sie schlummert; und es nahen die Verlornen,
Die schönen Toten, ihrem stillen Lager,
Die Schwestern ihrer Jugend stehen auf
Von einer Welt, wo keine Blüte stirbt.
    Erkennst du sie? Du siehst sie nimmer wieder
Als blühende, als irdische Gestalten;
Nicht wie sie Blumen pflückten, Kränze banden,
Nicht wie sie um den trauten Winterherd
Die schaurig-schönen Märchen dir erzählten,
Nicht wie du ihnen unter Lust und Scherz
Zum Maienfest die schönen Haare flochtest –
Dies alles blieb in ihrem frühen Grab.
Sie nahen dir mit geisterhaftem Schimmer,
Umstrahlt von heil'gem, überird'schem Glanz.
Doch, sind die Blütenkränze abgestreift,
Ist ihrer Jugend Schmuck im Sarg zerfallen,
Sie bringen doch die alte Liebe mit,
Und sanfter, als in ihrer Erdenschöne,
Und weich und zärtlich wie der Lampe Licht,
Das deine milden Züge still umschwebt,
Sind sie genaht, und deinem geist'gen Blick
Begegnen grüßend ihre lichten Augen,
Von Strahlen der Unsterblichkeit gefüllt.
    Sie segnen dich; von ihren heil'gen Lippen
Ertönt es wie der Äolsharfe Ton,
Wenn lieblich flüsternd durch die feinen Saiten
Der Hauch des Abends weht: »Geliebte Schwester,
Wir denken deiner und wir sind dir nah,
Und segnend schweben wir um deine Tritte,
Sooft dein Aug im schönen Morgenrot,
Im heitern Blau des Mittags sich ergeht,
Trifft uns dein Blick; siehst du den Wölkchen nach,

Die in dem Meer der Abendröte segeln,
Dort schiffen wir; und auf des Mondes Strahl,
Der mild und freundlich in dein Fenster fällt,
Entschweben wir von deinem stillen Lager
Mit deinen Tränen nach den sel'gen Höhn.«

    So flüstern sie und neigen sich herab,
Die Stirn der teuern Schlafenden zu küssen
Und dann beflügelt, eh sie schnell erwacht,
Eh ihre Augen die Erscheinung haschen,
Im milden Strahl des Mondes aufzuschweben
Nach sel'gen Höhn. Ja *dort*, wo anders fände
Die Schwesterliebe ihre ew'ge Heimat?
So stürmisch nicht, nicht so voll hoher Worte
Wie Bruderliebe, doch nicht minder tief,
Gleicht sie dem Bergsee, der in heil'ger Stille
Den Himmel und die friedlichen Gestade
Getreuer widerspiegelt als der Bergstrom,
Der Bild und Ufer in sein Bett begräbt.
Ja, tief und heilig ist die Schwesterliebe
Und zarter, rührender erscheint sie kaum,
Als wenn sie über Gräbern noch sich findet,
Wenn sie den Himmel an die Erde bindet,
Und *Tote leben* in der Schwester Traum.

Die Freundinnen an der Freundin Hochzeittage

In Deines Festes fröhliche Gesänge
  Mischt sich ein trauter Ton aus alter Zeit,
Es lockt Dich aus dem jubelnden Gedränge
  Zurück noch einmal zur Vergangenheit;
Die Freundschaft ist's, es sind der Schwestern Tritte,
  Sie pochen schüchtern an der Pforte an,
Sie nahen Dir, sie flüstern ihre Bitte
  Und fragen freundlich: »Denkst Du noch daran?«

Denkst Du daran, wie wir uns einst gefunden
  In unsrer Kindheit holder Blumenwelt?
Es waren unsres Lebens Morgenstunden,
  Vom Frührot reiner Freuden schon erhellt;
Der Schule Mühen, alle frohen Spiele
  Und aller Jubel von der Kindheit Bahn,
Sie steigen auf in freudigem Gewühle
  Und fragen mit uns: »Denkst Du noch daran?«

Denkst Du daran, wie an der Kindheit Grenzen
  Uns eine schönre Freudenwelt empfing?
Wie uns ein Leben voll Gesang und Tänzen,
  Gefaßt in seinen wundervollen Ring?
Und wie auch ernste deutungsvolle Tage
  Des Lebens Ernst und Würde zeigten an?
Es war der Jugend Frühlingstag; o sage,
  Die Schwestern bitten: »Denkst Du noch daran?«

Wohl trittst Du jetzt in ernster Frauen Kreise,
  Die Myrte schmückt zum letztenmal Dein Haar
Du tändelst nicht mehr nach der Mädchen Weise,
  Du nimmst jetzt Abschied von der Jungfraun Schar;
Doch, blickst Du künftig ernst in unsern Reigen,
  Schilt unsre Freuden dann nicht leeren Wahn;
Denn die Erinnrung wird Dir Bilder zeigen
  Und lächelnd sagen: »Denkst Du noch daran?«

Du denkst daran! und zum Gedächtnismale,
  Als eine reine, jungfräuliche Zier,
Nimm von den Schwestern die kristallne Schale,
  Wir reichen sie mit frommen Wünschen Dir.
So werden wir in Deinem Herzen leben,
  Denn siehst Du einmal diese Schale an,
Dann wird Dich die Erinnerung umschweben
  Und freundlich sagst Du: »Ja, ich denk daran.«

Die kleinen Geigerlein

dem jungen Ehepaar

Die Tante wird Frau Helferin,
    Der Onkel wird ihr Mann,
Wir wissen's ganz gewiß, sie hat
    Das Hochzeitkleidchen an.
Jetzt darf sie nicht mehr von ihm fort,
    Bleibt nicht viel Wochen fern;
Das freut uns recht, wir gönnen's ihr,
    Sie hat ihn ja so gern.
Sie bleibt bei ihm in seinem Haus,
    Sie hat ihn alle Tag;
Sie macht ihm morgens den Kaffee
    Und kocht ihm, was er mag.
Sie backt ihm Kuchen groß und süß
    Und viele Zwiebeln drin,
Wie kriegt's der Onkel doch so gut
    Bei seiner Helferin.
So leben sie und freuen sich
    Noch viele Dutzend Jahr,
Und Onkel hat die Tante gern,
    Wie's bei der Hochzeit war,
Und sind wir Mädchen einmal groß,
    Dann sind sie alte Leut!
Dann kocht sie ihm noch alle Tag
    Und liebt ihn noch, wie heut.

Die Mainzer Kommission

(1824)

Wir sind ein Völklein, froh und frei;
Sind Brüder allzumal;
Wir halten fest und stehen frei,
Sind hart und scharf wie Stahl,
Und drängt man streng auf uns heran,
Zu splittern unsre Kraft,
Wir rufen's laut und stoßen an:
Die deutsche Burschenschaft!
Was schmäht ihr unsern frohen Mut
Und unsre frische Lust,
Was scheltet ihr die hohe Glut
In unsrer jungen Brust?
Weil wir nach ihrer Pfeife dort
Nicht tanzen ihren Tanz,
Riecht Hochverrat und Trug und Mord
Die heil'ge Allianz.
Da zünden sie Laternen an
Und spüren nach der Tat,
Und wählen manchen weisen Mann
Zum Untersuchungsrat;
Und eine Warte wird gebaut,
Dem Land zu Schmach und Hohn,
Und hochweis aus den Fenstern schaut
Die Mainzer Kommission.
Und von dem Mainzer Luginsland
Wird jetzt nach uns gelugt,
Man nimmt den Tubus in die Hand
Und findet, was man sucht,
Und schreit Verrat durchs ganze Reich;
Es bebt der alte Franz,
Und mit ihm wird vor Schrecken bleich
Die heil'ge Allianz.
Und Fallen werden aufgelegt,
Daß sich das Wild verfängt,
Daß man es wohl in Ketten legt
Und in den Schnürleib zwängt.
Doch Nürenberger hängen kein',
Sie hätten ihn denn schon –
Man sagt, so soll's gegangen sein
Der Mainzer Kommission.
Sie schnüffeln in den leeren Wind
Mit ihrer langen Nas,
Sie gucken sich die Augen blind
Durch ihr Vergrößrungsglas.
Sie schreiben Akten bergehoch
Und angeln drin mit List,
Sind gut bezahlt und haben doch

Bis jetzt noch nichts gefischt.
Wir sind ein Völklein, treu in Not,
Sind Brüder allesamt,
Wie auch der Mainzer Rat uns droht,
Uns schändet und verdammt.
Komm her und suche nach der Tat
Reichsinquisition!
Frisch auf, ein flottes Pereat
Der Mainzer Kommission!

Die Seniade

ein scherzhaftes Heldengedicht in vier Gesängen
Der »Seniade« erster Gesang

Ihr, die in frohem Tanz um den Parnassus schwebet,
Im ewigen Jungfernkranz, in ewiger Jugend lebet,
Helft der Begeisterung nach, die mir im Busen brennt,
Segnet den Helden mir, den mein Gesang euch nennt!
O Seni! tapferster und klügster aller Helden,
Die unserer Neckarstadt zu keinen Zeiten fehlten,
O Seni, wackrer Bursch, dich grüßet mein Gesang;
Oh! Nimm es gnädig auf, wenn etwas mir gelang.
Zwar muß ich Kühnster euch tief um Verzeihung bitten,
Daß ich das Roß bestieg, das Bessere geritten,
Auf das begeistert einst sich Zachariä schwang,
Als unvergleichlich er den Renommisten sang.
Doch wie, wenn Bier und Wein die Sinn uns übermeistert,
So hat auch jener Held zum Liede mich begeistert,
So trag mich Hippogryph zu dem Olympos auf.
So töne denn mein Lied dem Zweig vom Stamme Hauff!
Dort, wo im stillen Tal, umgrenzt von grünen Höhen,
Im majestät'schen Lauf des Neckars Wellen gehen,
Da liegt am Ufer hin Tubingas Musenstadt,
Die wie das alte Rom der Berge sieben hat.
Seit einem Jahre schon lag hier zum Schlagen fertig,
Seni, der wackre Held, stets seines Feinds gewärtig;
Oft rief mit bittrem Hohn den Gegner er heraus,
Jedoch – der Gegner blieb wohlweislich stets zu Haus.
Was war es, fragt ihr mich, was jenen Streit entzündet?
Und gegen wen hat denn Seni sein Schwert gewendet?
Was zauderte der Feind so lang, nicht loszugehn,
War er zu feig, den Kampf mit Seni zu bestehn?
Dies alles wird euch jetzt gewissenhaft verkündet –
Wie? wo? warum? mit wem? der Streit sich hat entzündet,
Warum der Feind so lang den Gegenpart betrog,
Nach einem Jahre erst den blanken Schläger zog?
Dort, wo nach Stuttgart hin der breite Weg sich wendet,
Von jenem Tor nicht weit, wo sich Tubinga endet,
Da liegt ganz hart am Weg eine Kneipe wohlbekannt,
Sie wird vom Burschen nur die Kremelkneip genannt.
Dort saß beim Bierspiel einst der Herzog aller Schwaben,
Um seinen dürren Schlund mit Bierstoff zu erlaben,
Die Pfeifen dampften auf, in Wolken quoll der Rauch,
Und schweigend füllten sie den biergewohnten Bauch.
Da trappt die Stieg herauf ein Tappen und ein Klirren,
Dem Herzog täten bald die Sinne sich verwirren;
»Gott straf mich«, sagte er, »ich geb mein Cerevis,
Der uns so kühnlich stört, ein Gelber ist's gewiß.«
Und kaum ist auch das Wort dem breiten Mund entlaufen,
So möcht er es zurück um jeden Preis erkaufen;

Es springt die Türe auf, in majestät'schem Schritt
Ein Bursche in den Saal zu jenen Schwaben tritt.
Nicht groß war die Gestalt, mehr zierlich anzublicken,
Doch war sie schon gemacht, um Kühnheit auszudrücken.
Am Knebelbart, am Blick, am Wenden und am Drehn
Könnt man im Augenblick den Helden in ihm sehn.
Faber ward er genannt, er kam auf Hiesels Ordre,
Daß er ob grobem Tusch den alten Schwaben fordre;
Er stellt sich jetzt und steckt die eine Hand in Flaus,
Die andere hält den Stock, drauf spuckt er einmal aus.
Nachdem er ausgespuckt, den Knebelbart gestrichen,
Beginnet er den Spruch mit tausend leisen Flüchen,
»Weiß! komm mal mit heraus!« doch dieser mag nicht heut,
»Ich hab o Fäberlein! für dich jetzt keine Zeit.«
Doch jener spricht; »'s ist Wurst, so will ich eben warten.«
»Nein«, sagte jener drauf, »du siehst, ich spiele Karten,
Und Karten brauch ich jetzt und keine Corramage«,
Und leise sagt er noch »o 1 . . . mich doch im A . . .!«
Wie wenn beim stillen Meer die Stürme sich erheben,
Die See im Strudel kocht und alle Ufer beben,
So stand mein Fäberlein; er sprudelte vor Zorn,
Er stampft mit seinem Fuß und schrecklich klirrt sein Sporn.
» Fluch dir o Sonnenlicht, das diesen Tag beschienen,
Sollt ich denn diese Schmach und diesen Schimpf verdienen?
Doch Rache schwör ich dir, wart, alter Schwabe, wart!
Ja, Rache schwör ich dir bei meinem Knebelbart.«
Der Schwabe, ungerührt von Fäberleins Gefühlen,
Lacht höhnisch und fährt fort, das Belle auszuspielen,
Doch endlich bricht er los und spricht: »Es ist genung,
Kurzum, du bist ein dummer, naseweiser Jung!«
Da weiß sich Fäberlein vor Wut nicht mehr zu halten:
»Hätt ich ein Schwert nur hier, den Schädel ihm zu spalten.
O Höllenschwerenot, Blitz, Himmelsackerlot,
tf-tf-tf-tf-tf-tf, das ist gewiß mein Tod!
Wohlan, Herr Senior, wir werden uns denn finden,
Doch ohne Handschuh komm und ohne Hut und Binden!«
So spricht er, wendet sich und kälter wallt sein Blut
Und jubelnd hämmert ihm sein kühnes Herz voll Mut,
Jedoch der Senior der weltberühmten Schwaben –
Die Pfeife schmeckt ihm nicht, das Bier will ihn nicht laben,
Er spielt gedankenlos und bald verwirrt er sich,
Er kennt das Spiel nicht mehr, es häuft sich Stich auf Stich.
Ja, diesmal half's ihm nicht, ob er kapituliere,
Ob er Intriguen spielt und ob er machiniere,
Der dumme Junge siegt, der Hieber muß heraus,
Und ausgefochten wird ganz nach Komment der Strauß.
Schon lag die stille Nacht schwarz auf Tübingens Straßen,
Die Schnurren zogen nur durch jene toten Gassen,
Die Kneipen waren leer, der Bursche ging nach Haus
Und schlief im weichen Bett das kleine Räuschchen aus.
Nur einem schließen sich die müden Augen nimmer,
Nur einer wälzt sich noch beim blassen Mondesschimmer;

Seni! wo weilt dein Schlaf, was raubte dir die Ruh,
Warum denn schließt sich nicht dein müdes Auge zu?
»Warum, o Mißgeschick«, so fängt er an zu klagen,
»Warum hat dieser Weiß keinen Anschiß weggetragen?
O Faber, Sakrament! wie marterst du mein Herz,
Gesessen war's schlugst du nur schärfer jene Terz!
Doch so gelang es nicht, ihn völlig auszuschmieren,
Und dennoch weiß der Schwab die Klinge kaum zu führen;
Umsonst ist aller Mut, umsonst ist alle List.
Er zieht mit Hohn davon, der Schwabenrenommist.«
Und wie er also spricht in seiner lauten Klage,
Da wird es hell zumal im dunkelen Gemache;
Ein glänzend Wesen stand im leuchtenden Gewand,
Mit lieblichem Gesicht, an seines Bettes Rand,
Es war der Genius vom schwarz-gold-roten Bande,
Germanias Genius, der stets im deutschen Lande
Vom Rhein bis an den Belt, und auf und nieder schwebt,
Die Treue, die uns band, noch immer fester webt.
Den Helden sah er hier in seinem Kummer liegen,
Drum war er vom Olymp zu ihm herabgestiegen;
Beistehen wollt er ihm in seinem tiefen Schmerz,
So wie Athene einst gestählt Odysseus' Herz.
»Erschrecke nicht, o Held, ich komme dir zu raten.
Ich kenne deinen Mut und deine tapfern Taten.
Ja! fasse Mut Seni! vertraue mir, ich bin
Der treue Genius der Burschenschaft, Armin.
Ich sag es dir, mein Freund, auch mich hat es verdrossen,
Daß nicht des Schwaben Blut, des stolzen, heut geflossen;
Doch noch verzage nicht, es kommt der Rache Tag
Und deine Klinge tilgt vielleicht die heut'ge Schmach.
Drum morgen in der Früh entreiß dich deinen Träumen
Und schreib ihm einen Brief und schick ihn ohne Säumen
Dem alten Bären hin und lad ihm zum Gefecht,
So wird dir, o mein Sohn! der Rache süßes Recht.«
Er sagt es und verschwand; auf Seni, auf den Müden,
Senkt sich im Augenblick des Schlafes tiefer Frieden,
Von Schlachten träumet er, er träumt von Schlägerkrieg
Und in dem seligen Kampf erkämpft er sich den Sieg.
Schon stieg Aurora auf, golden aus blauen Wellen,
Den Wörth, den Neckarstrom im Glanze zu erhellen.
Sie blickt in das Gemach des edeln Helden Hauff,
Geweckt von ihrem Blick schlägt er die Augen auf.
Er hatte Zeit genug, in Schwermut sich zu senken,
Und bei dem Morgenrot an seinen Gram zu denken.
Er reibt die Augen aus, nun ist er ganz erwacht,
Und bald denkt er zurück an die vergangne Nacht.
»War es im Traum«, sprach er, »erzeugt von meinen Sinnen,
Wie oder wäre mir der Schutzgeist doch erschienen?
Ja, ja, kleingläubig Herz, ich fühlte seine Näh,
Noch tut von seinem Druck die rechte Hand mir weh.
Zwar du beschämtest mich, du sprachst von Heldentaten,
Doch hast du Genius mir nicht umsonst geraten.

Ja, schreiben will ich ihm, ich schreibe ihm, es sei!
Ich zeig ihm seine Schmach und seine Schaberei.«
Drauf schellt' er und es scholl, als er die Klingel faßte,
Und dreimal zitterte das Haus des Maurer Naste;
Und alsbald tritt voll Furcht die Magd zur Tür herein,
Spricht mit gesenktem Blick: »Herr Hauff, was soll es sein?«
Er streckt die Hand nach ihr und packt sie an dem Leibe,
»Weißt du, wo Huber wohnt?« – sie sagt: »Die Schwabenkneipe?«
»So geh dahin«, fuhr er mit rauher Stimme fort,
»Und trage dies Billett an den bestimmten Ort!«
Beim prächtigen Hotel zum neuen Röm'schen Kaiser
Da liegt ein rauchigt Haus, es ist kaum 10 Häuser
Vom Kaiserwirt entfernt, die Huberische Kneip,
Wo stets der Schwabe liegt im edeln Zeitvertreib.
Dort liegen sie bei Nacht, dort liegen sie am Tage
Beim edeln Pereat, beim Rams und Saufgelage,
O gäbe mir das Glück so viele Taler doch,
Als täglich dort erschallt ein – » *Suevia* lebe *hoch*!!!«
Dort steigt die Magd hinauf die halb verfallnen Stufen,
Und zitternd hört sie dort ein Schreien und ein Rufen,
Wie wenn (Homerus sagt's) im Troianerstreit,
Mavors, der Helden Gott, wie 10 000 schreit.
Sie macht die Türe auf, ein Schwindel ist ihr nah,
Wie sie vom Rauche voll das wüste Zimmer sah:
Sie kann vor Dampf und Rauch den Senior kaum finden,
Zuoberst an dem Tisch sitzt er im Eckle hinten;
Dort thront er, gleich dem Zeus, in seiner Majestät,
Zum Dejeuner vor ihm ein voller Humpen steht.
Er liest es und erstarrt, die Nase wird ihm blässer,
Macht sich durch Seufzer Luft, doch noch wird ihm nicht besser;
Er nimmt das Stiefelglas, sauft's auf drei Schlucke leer,
Nicht besser wird's, man bringt ihm noch ein Schnäpschen her,
Und als er endlich sich der Sinne hat bemeistert
Und mit dem Branntewein zum Mute sich begeistert,
Steht er vom Sitze auf, blickt in der Stub herum,
Er räuspert sich und brummt und endlich spricht er: »Hum!«
»Wie«, sprach er jetzt bei sich in seiner tapfern Seele,
»Bin ich verdammt dazu, daß ich mich immer quäle,
Mit diesen Gelben hier, und ich als Senior,
Muß doch was machen drauf, ein Schimpf wär's für das Korps.
Und dennoch, o mein Gott, kann ich zum voraus wissen,
Von diesem Seni werd ich eben angeschissen;
Er schiß schon manchen an, er haut ganz furchtbar gut,
Und dringt so höllisch ein, der Teufelskerl hat Mut.«
So denkt der Senior, er zaudert, was er sage,
Er sah sich nie zuvor in einer solchen Lage;
Doch faßt er sich ein Herz, er schöpft sich neuen Mut
Und zu der Magd spricht er: »Sag ihm, es sei schon gut.«
Wie wenn im grauen Kranz veralterter Matronen,
Die keinen Menschen je mit ihrer Zunge schonen,
Ein Weib mit scheelem Blick ein halbes Wort gesagt
Und gleich in voller Hast der ganze Zirkel fragt:

So staunet jetzt das Volk, ein jeder scheint zu fragen,
Was in dem Zettel wohl für wicht'ge Worte lagen,
Was doch den Senior so sehr in Rage versetzt?
Was dem Hartherzigen das Herz so tief verletzt?
Wie aber der Tyrann sein Bärenantlitz neiget,
Die Augen finster rollt, voll böser Ahnung schweiget;
So schweigen staunend sie und ducken sich devot,
Doch jeder sinnet: »Was dem Senior wohl droht?«
Jetzt steht er endlich auf von seinem hohen Thron,
Es steht in seinem Glanz Suevias höchster Sohn;
An Höhe der Gestalt ist Mars er zu vergleichen,
An Plumpheit der Manier wird er dem Bild nicht weichen,
Das auf der Karte man als Schöppenkönig schaut;
So majestätisch ist sein Heldenleib gebaut.
Voll Hoheit steht er da, ein Zeus bei seinen Göttern,
Und aus dem Tabakqualm spricht er, wie Zeus aus Wettern,
Er spricht in festem Ton: »Herr Huber schreib Er mir
2 Kelchlein Branntwein auf und auch 2 Stiefel Bier!«
Und Huber räuspert sich und bückt sich dreimal nieder,
Zu Komplimenten zwingt er seine steifen Glieder;
So duckt er dreimal sich vor Seiner Majestät
Und Weiß, der Senior, spricht: »Pros't ihr Herrn!« und geht.
Wie wenn in krit'scher Zeit Finanz- und Staatsminister,
In ihrem Inneren erbärmliche Philister,
Im Äußeren jedoch wie forsche Leute gehn,
Daß keiner es erschaut, wie die Finanzen stehn;
So schreitet dieser Held, zerknirscht in seinem Herzen,
Von Mohren hart gequält und von der Juden Schmerzen,
Von außen doch ganz forsch nach seiner Kneipe hin,
Sein Blick prahlt noch wie sonst, »seht hier, daß ich es bin«.
Auf seinem Zimmer wirft er sich im Sessel nieder,
Den Dienst versagen ihm beinah die matten Glieder;
Er brummt vor sich: »Was fang ich armer Teufel an?
Ach wäre der Skandal mit Seni abgetan!«
Er flucht durch das Gemach, daß alle Wände beben,
Drauf betet er, vielleicht zum ersten Mal im Leben.
(Zwar hielt der alte Weiß, ein gottesfürchtiger Mann,
Sein Söhnlein zum Gebet abends und morgens an,
Jedoch der Sohn fand nicht am Beten viel Geschmack,
Weil stets ein böser Streich ihm in dem Sinne lag!)
Jedoch die Not lehrt's auch; in dieser harten Stunde
Nahm er 's Gesangbuch vor und sang mit breitem Munde
Ein schönes Kirchenlied »Aus tiefer Not bet ich«,
Er heult's im tiefen Baß, es klang ganz jämmerlich;
Drauf faltet er die Hand und fängt so an zu beten:
»Der Schwaben Senior wagt es vor dich zu treten,
Der du auf Wolken thronst, o Schutzgeist aller Korps,
O schenke deinem Sohn ein gnädigliches Ohr;
Du hast es selbst gesehn, wie Seni mich erschrecket,
Drum hab ich jetzt vor dir mein stolzes Herz entdecket.
O rate mir, und nimm mich du in deinen Schutz,
Dann biet ich meine Stirn der ganzen Welt zum Trutz!«

So betet er und schwieg, jedoch sein heißes Flehen
Stieg in die Lüfte auf und flog mit Windeswehen
Weit über Berge hin zum Genius aller Korps
Und traf beim Genius ein sehr geneigtes Ohr.
Dorten, wo Heidelberg sein stolzes Haupt erhebet,
Des Neckars blaue Flut dahin am Ufer schwebet,
Da, wo dem Schwarz und Rot so mancher Sieg gelingt,
So manche Jungferschaft dem stolzen Korpsbursch sinkt,
Da saß der Genius der Korps, Comment geheißen,
Ein mächt'ger Herrscher einst am Neckar, an der Pleißen,
Am Rhein und an der Elb, an der Spree und an dem Main,
Doch nunmehr ist, gottlob! sein Herrscherreich sehr klein.
Sachsoborussia, Rhenanen und Frankonen,
Helvetier, Hassia, Bavaren und Curonen,
Die forsche Suevia, des Schwarzwalds wilde Jagd
Und Ulma, die wohl bald den Ulmer Kühhirt macht.
Sie sind es, die Comment, ihr Genius, regieret
Und sie mit sanfter Hand zu allem Edeln führet.
Auf sie sieht er herab, mit väterlichem Blick
Und schützt sie, wo er kann, nicht stets mit gutem Glück.
Er steht gedankenvoll und seine Tränen fließen,
Denn ein Curone ward ihm eben angeschissen,
Als er versenkt in Schmerz und tiefgefühltem Gram
Das ängstliche Gebet des Seniors vernahm.
Als er es hört, beginnt er diesen Monologen:
»Hartherziges Geschick, wie hast du mich betrogen;
Wie blühte einst mein Reich, ein schöner Lindenstamm,
Eh denn vom Göttersitz Armin herunterkam!
In jeder Musenstadt hatt ich die bravsten Leute,
Die schönsten Dirnen gab ich ihnen stets zur Beute,
Philister duckten sich vor meinem ärmsten Sohn
Und jedem Feinde sprach der blanke Hieber Hohn!
Bist du dahin, o Zeit, die einst mein *Raufbold* zierte,
Wo man auf offnem Markt die forschen Schläger führte,
O bist du denn dahin, mein altes Heldentum,
Zu Grab gegangen ist des alten Comments Ruhm?
Fluch dir, o Burschenschaft und deinen Narreteien,
Wer wird von Vaterland und Freiheit immer schreien!
Dir meinen ärgsten Fluch, entartetes Geschlecht,
Das nicht mehr renommiert, sich nicht mehr flott bezecht!
– Doch Mut gefaßt, Comment, noch kannst du widerstehen,
Vielleicht wird über Nacht der Gelben Saich vergehen.
Es sei! noch steh ich fest, noch manches Korps ist mein,
Der alte Comment wird noch manches Dings sich freun!!«
Er sprach's und rafft sich auf, er setzt den Stürmer tiefer,
Fährt mit der Hand durchs Haar und wichst den Schnurrbart schiefer:
Er zieht den Gottfried an, er schnallt sich an den Sporn
Und summt in seinen Bart »Der Bursch von Schrot und Korn«.
Kanonen an den Fuß, den Hieber an die Lenden,
Auch Schlägerhandschuh dann zur Zier den groben Händen,
Die Hetzpeitsch stark und lang in seiner Rechten droht,
So schreitet durchs Gewölk der Renommisten Gott.

Wie wenn Merkurius mit ausgespanntem Flügel,
Von Zeus gesandt, sich schwingt weit über Tal und Hügel,
So schießt Comment dahin, eilt durch der Wolken Tor,
Und ist in schnellem Flug beim Schwabensenior.
Er trat in das Gemach, wo dieser, mit dem Arme
Das schwere Haupt gestützt, voll Sorg und bangem Harme,
Auf hartem Lager saß und flucht, daß er, verführt
Vom Schicksal, nicht zu Haus die Bäckerei studiert.
In einer Wolke tritt der Geist zu ihm ins Zimmer
Und es umgeben ihn nicht Glanz und nicht Geflimmer,
Wie andre Genien; in Tabaksrauch gehüllt,
Kommt er; daß sich von Dampf und Glut das ganze Zimmer füllt.
»Ich komme«, sprach der Geist, »gerührt von deinen Klagen,
Die du in heißem Flehn anbetend vorgetragen;
Drum fasse Mut, dein Glück nicht ganz gewichen ist,
Ich helfe dir, auf Cerevis, du braver Renommist!
Wie sollt ich denn auch nicht dir, meinem lieben Sohne,
Beistehn in jeder Fahr zum dankbarlichen Lohne
Dafür, daß du mich stets als deinen Gott verehrt,
Dem Burschenschaftspanier so kühnlich abgeschwört!
Zu deiner Rettung denn, du darfst dich ja nicht schämen,
Will ich, probatum est, den Arm dir wenig lähmen,
Dann brauchst mit Senin du gar nicht mehr loszugehn,
Wo nicht – erst wenn dereinst die Sachen besser stehn.«
Er spricht es und er zieht den Hieber von dem Leder,
Berührt damit dreimal den Schweder aller Schweder;
Noch einmal drückt er ihm die breite Bärenhand,
Hüllt in die Wolke sich und nickt ihm und verschwand.

Der »Seniade« zweiter Gesang

Dort an dem Neckar hin liegt in geringer Weite
Der Wörth, ein Wiesenplan, zu Aug- und Magenweide
Für Menschen und fürs Vieh, die dorten sich ergehn;
Im Sommer, Lenz und Herbst ist alles dort zu sehn.
Dort geht der Professor, dort geht der Sohn der Musen,
Dort spröde Fräulein, wie die Magd mit vollem Busen,
Die Kuh, die voll Gefühl das stille Tal durchbrüllt,
Der Besen, dem ein »Ach!« das liebe Herzchen füllt;
Und dort poussiert der Hengst mit gleichem Recht die Stute,
Wie der galante Herr, in Handschuh, Frack und Hute,
Sich vor der Dame neigt, auf krummem Fußgestell
Und fragt: »Vermissen *Sie* vielleicht das Karussel??«
Dort auf dem grünen Plan sah ich 2 Helden gehen,
O Muse, Lieblichste, erhör das heiße Flehen,
O sage mir geschwind, ich bitt dich, liebes Kind,
Verkünde mir genau, wer jene Helden sind.
Sieh hin! – der erste dort in roter Zipfelmütze,
Es ist der bravste Bursch im ganzen Musensitze;
O Seni, Seni ist's, rausch lauter mein Gesang;
Ertön in vollerem Akkord, mein Saitenklang!
Odysseus mußte einst an Größe manchem weichen,
Doch konnt am Geiste ihm der Griechen keiner gleichen;
Und wie Odyß, so bist auch du, o Held Seni,

Dir gleicht an Mut und Sinn, an Geist ein Bursche nie!
Ein schwarzer deutscher Rock umschlingt die edeln Glieder,
Die dunkle Hose fällt tief auf die Füße nieder,
Der schöne Hals ist frei, und bloß die freie Brust;
So schreitest du einher, du meine Augenlust. –
Auf deiner Stirne thront der Witz und tiefes Sinnen,
Es spielen Freundlichkeit und Mut in deinen Mienen,
Es zeigt auf tiefen Ernst die schöne Nase hin,
Doch im gewölbten Mund sitzt Scherz und spött'scher Sinn.
Nicht schön ist unser Held, doch lieblich ist sein Wesen
Und schalkhaft ist sein Blick, gefährlich jedem Besen,
Und kühner schaut gewiß kein Herrscher einer Welt,
So steht, so geht, so lebt, so blicket unser Held.
Jedoch der andre Held, der durch den Wörth hin schreitet
Und Seni im Gespräch auf grünem Plan begleitet,
Ein Held ist's gleich Seni, und fraget ihr mich wer?
Es ist der Otto Schott, der große Steinemer!
Es liegt viel Zorn und Mut in seinen wilden Blicken,
Sein rollend Auge scheint den Erdball zu zerstücken,
In vollen Adern kocht sein sprudelnd wildes Blut
Und nur zu bald erregt ist seines Zornes Glut,
Wie späterem Geschlecht aus grauer Vorzeit Tagen
Von der Berserkerwut die alten Helden sagen,
Die sie mit Sturmeswehn urplötzlich hat erfaßt,
So hast, o Steinemer, gar oft auch du gepraßt.
Sein mürrisches Gesicht gibt bitterböse Lehren,
Man kann ihn weit und breit an seiner Stimme hören,
Und jeden Tag gibt es mit Donner und mit Schrein
Verweis beim grassen Fuchs, beim Jungen Prügelein.
Er selbst befindt sich wohl beim zornigen Geblüt,
Leert oft sein Stiefelglas und ißt mit Appetit;
Er schreitet forsch einher mit roter Zottelmütze
Kanonen um die Füß, die Sporen streuen Blitze,
Gegerbtes Fell vom Hirsch umgibt das schöne Bein,
Nie kann ohn diesen Schmuck der forsche Reiter sein.
Es hält der kühne Bursch, wie Kastor, viel auf Pferde,
Sie sind sein liebstes Gut auf dieser armen Erde;
»Oh«, sagt er oft, »mein Freund, ein schönes braves Pferd
Ist mehr als Besen, mehr als alles Gold mir wert.«
Sie gingen auf den Wörth, entfernt vom Männerschwarme,
Als treue Freunde hin, umschlungen Arm in Arme,
So gingen sie vertraut auf grünem Wiesenplan,
Dort hob Seni, der Held, also zu sprechen an:
»O wackrer Steinemer, du Trauter meiner Seele,
Nicht mehr verhalt ich's dir, wie sehr mein Herz sich quäle.
Sechs Monden sind's seit ich dem Weiß zu Leib gerückt,
Als ich die Karte ihm voll kühnem Tusch geschickt,
Und noch hält er mich hin in dieser schnöden Sache
Und immer dürstet mir das edle Herz nach Rache;
Noch immer spreizt er sich, so feig, daß Gott erbarm,
Steckt hinter Lügen sich von einem bösen Arm.
Doch länger soll sich nicht der alte Schwabe zieren,

Er muß mir vor die Kling und sollt er dran krepieren;
Zum höchsten stieg in mir die kühne Kampfeswut
Und meine Seele brennt nach seinem feigen Blut.«
»Ja«, sprachst du Otto Schott, »aus Mohren wird er zagen,
Ich sah ihn gestern erst mit einem Fuchsen schlagen«;
Und Seni spricht: »Ja wohl! so wahr ich ehrlich bin – –
Gleich auf der Stelle muß Pharsolie zu ihm hin.«
So sagt er und sie gehn, und in dem Weiterschreiten
Spielt Schott mit seinem Hund, die 2te seiner Freuden.
Er war sein zweites Ich, er liebt ihn wie ein Kind,
Wie lieblich springt um ihn der kleine Sausewind.
Bräunlich erglänzt sein Haar, nach Löwenart geschoren,
Die Schnauze schmückt ein Bart, lieblich hängt er die Ohren,
Doch nicht Gestalt allein macht ihn so lieb und wert,
Nein, manche schöne Kunst, die ihn sein Herr gelehrt.
Ich schweig vom Schwimmen ganz, vom schnellen Apportieren,
Es sind die Künste, die auch andre Pudel zieren,
Ganz andre Künste sind's, die auch der Rolla macht,
Denn in der Gymnastik hat er's gar weit gebracht.
Wie spricht der Hund? kann er und über Stecken setzen,
Mit Sitzen auf zwei Füß weiß er euch zu ergötzen;
Jedoch das schönste Stück, es ist gewißlich das – –
Rolla, wie legen sich die Jungfern in das Gras?
So legten denn die drei den kurzen Weg zurücke,
Den blauen Fluß entlang, hinüber dann die Brücke,
Die Neckargaß hinauf, rechts an der Kirch vorbei –
Seni, freut sich dein Herz? und treten in d' Haagei.
Ach ärmster Senior von allen Senioren,
Tönt dir nicht ahnungsvoll ein Klingen in den Ohren?
Und läuft ein Schauer nicht kalt über deine Haut
Und zieht die Ahnung nicht dir eine Gänsehaut?
Ja, ärmster Senior, jetzt ist's um dich geschehen,
Jetzt hilft kein Beten dir, nichts hilft dein banges Flehen,
Dein Schutzgeist ist weit weg, er sekundiert in Kiel,
Die Töne deines Flehns sind lauter Windespiel.
Gefallen ist der Wurf, jetzt hilft kein langes Zieren;
Es trapst die Stieg herauf, hörst du der Sporen Klirren?
Ha! faßt dich Schauder an – du stehst so ganz allein,
Die Türen springen auf – ein Riese tritt herein.
Wagst du's Kalliope (zu scheu in solchen Dingen)
Pharsolies Gestalt und Mienen mir zu singen?
Pharsolies, vor dem die Grazien entfliehn,
Pharsolies, der hier nach Senis Wunsch erschien.
Wie wenn ein junger Bär, erzeugt in Nordens Wäldern,
Nach unsrem Land entführt von jenen eis'gen Feldern,
Dressiert von Menschenhand, nicht sehr manierlich geht,
In plumpem Takte tanzt, auf zott'gen Füßen steht:
So mein Pharsolie, an Höh gleich Elefanten,
An Stärke Löwen gleich aus Lybias fernen Landen,
Wie, wenn der Büffel brüllt, erbebt der dunkle Wald,
So bebt vor ihm der Feind, wenn seine Stimme schallt.
Er bückt das hohe Haupt, die Tür ist ihm zu nieder.

Es dröhnet das Gemach von seinem Schritte wider;
Wie finster droht die Stirn, wie rollt der wilde Blick.
Es bebt der Senior vor seinem Aug zurück.
»Ich komm«, ertönt sein Baß, »Sie noch einmal zu fragen,
Ihr Arm ist jetzt gesund, man sah Sie letzthin schlagen,
Und Seni sagt durch mich, er warte länger nicht,
Losmachen, wenn man kann, ist jedes Burschen Pflicht.
Pfui schämen Sie sich nicht, ein alter Seniore,
Ist es nicht Schmach für Sie vor Ihrem ganzen Chore?
Noch geb ich drei Tag Frist, dann los mit dem Skandal!
Gott straf mein Seel! ich trett Sie jetzt zum letzten Mal.«
Wie wenn ein alter Leu, vom Todesschmerz ermattet,
Noch einmal sich erhebt, eh ihn der Tod beschattet,
Mit Hoheit noch einmal an seine Würde denkt
Und mit der letzten Kraft auf seinen Gegner springt:
So rafft sich jener auf, gedenkt der süßen Bürde,
Die ihn so lang geziert, die Seniorenwürde;
Stolz steht er auf und spricht: »Gut, sagen Sie ihm nur,
Sobald das Frührot graut, betret ich die Mensur.«
Pharsolie wendet sich und spricht mit stolzem Munde:
»Im Waldhorn treff ich Sie bis um die sechste Stunde,
Da stehen wir zu Dienst, doch länger wart ich nicht.«
Er sprach's und wendet sich mit furchtbarem Gesicht;
Er springt die Trepp hinab und schreitet durch die Straßen,
Gleich Donner dröhnt sein Fuß, der Sporn klirrt durch die Gassen,
Feldsteine, nicht sehr klein, zermalmt er Schritt vor Schritt;
Die ganze Münzgaß bebt, indem er niedertritt.
Dort, wo die Neckargaß und Neuestraß sich scheiden,
Dort steht ehrwürdig grau ein Dom aus alten Zeiten,
Grad über steht ein Haus, von außen nett und neu,
Von innen alt und schwarz, man nennt es die Haagei.
Dorthin hat seinen Schritt Pharsolie gewendet,
Er weiß gewiß, daß er dort seine Leute findet.
Er tappt im Finstern jetzt die steile Trepp hinan,
Denn dort steckt man bei Nacht erst die Laternen an.
O Muse! nenne mir die hochgepriesnen Namen,
Die dort in der Haagei beim Bier zusammenkamen:
Komm, trete nur herein, und sing sie Mann für Mann,
Daß ich sie in dem Lied der Nachwelt nennen kann.
Dort sitzt mein Steinemer, erzählt ohn vieles Bitten
Vom Sextus, den er heut bei Ladner hab geritten;
Dort sitzt auch Wägnerlein, anmutig, lieb und zart,
Ein Sänger und ein Held nach unserer Väter Art – –
Daneben Doktor Wurst, die Krone der Doktoren,
Dem menschlichen Geschlecht hat er den Tod geschworen,
Ein forscher langer Bart umzieht ihm Mund und Kinn
Und alles ist ihm »Wurst!« in seinem forschen Sinn.
Dort sitzt in Majestät der edle Graf von Kiesel,
Geschnikelt und geputzt, wie eine junge Wiesel.
Er zwirbelt sechzigmal in einer Stund den Bart,
Sein Leib ist schlank gebaut ganz nach Pariser Art.
Jedoch schon ist's genug, wollt ich sie alle zählen:

Mit einem *Buch* müßt ich die liebe Nachwelt quälen.
Sie saßen im Gespräch den langen Tisch entlang
Und manchmal tönte auch der fröhliche Gesang.
Jedoch Held Pharsolie findt Seni nicht, sosehr er suche,
Sosehr den Helden er mit manchem Wort verfluche;
So schießt er endlich fort und an der Küch vorbei,
Da sieht er, wo der Held wohl anzutreffen sei.
Dort steht er an dem Herd mit süß verliebter Miene,
Dort steht er Arm in Arm mit seiner Caroline;
Was seh ich! seine Hand den Küchenlöffel führt
Und in der Schüssel Teig zu Pfannenkuchen rührt.
So saß einst Herkules im Kreise hübscher Mädchen
Spann mit der Heldenhand am Rocken dicke Fädchen;
So hat mein Seni auch sich Weiberdienst erwählt,
Wenn er am stillen Herd braune Kartoffeln schält.
Oft wagte er es auch, mit seinen Heldentatzen
Zu Carolinchens Spaß und kocht geschmälzte Spatzen;
Und ist der Abend so den Kochenden entflohn,
Dann nimmt er für die Müh der Minne süßen Lohn.
So traf Pharsolie den edlen Küchenhelden
Und zauderte nicht lang, was er getan, zu melden.
Mein Held erfreut sich baß; er spricht ein Dankgebet,
Daß endlich ihm geglückt, was er so lang erfleht.
Drauf geht Pharsolie, zwei Füchse aufzufinden,
Daß sie den Apparat, die Hieber und die Binden
Hinbrächten zu Herrn Manz, bald findet er 2 auf,
Gehorsam folgen sie des langen Mannes Lauf.
Armin blickt jetzt herab von seinem Wolkensitze
Und denkt darüber nach, wie er dem Helden nütze.
Dem Pudel macht er gleich den dicksten Nebel vor,
Und so entweichen leicht die Schleppfüchs aus dem Tor.
Drauf blickt er durch die Welt, ob er Comment nicht sehe,
Daß er den alten Kerl, im Fall er ihn erspähe,
Durch Kunst und feine List abhalte vom Gefecht,
Denn dies ist im Olymp von je Gebrauch und Recht.
In Leipzig siehet er den Korps-Gott triumphieren,
Bei einem Corps-Commersch im stillen präsidieren;
Er ruft zu seinem Dienst schnell einen Genius.
So eilt der Genius herbei mit schnellem Fuß.
»Schau«, spricht er, »der Commers wird nicht mehr lange währen,
Beknillt wird dann Comment zurück nach Hause kehren;
Du lockst ihn im Olymp in eine Winkelkneip
Und tisch ihm Branntwein auf und Schnaps zum Zeitvertreib.
Bis ausgefochten ist der Weißische Skandal;
Ich steige jetzt hinab ins liebe Neckartal.«
So sprach Armin und stieg hinab in einer Wolke.
Der Dämon trachtete, daß pünktlich er's befolge,
Auf schnellem Fittich eilt er durch der Wolken Schar
Und Leipzig nimmt er bald und seine Pleiße wahr.
Schon lange war Eos, die rötliche, gekommen,
Schon lange war genau die Paukmensur genommen,
Schon oft war Kling an Kling und Korb an Korb gekracht,

Schon hatten ohne Blut zwei Gänge sie gemacht;
Da sprach der Genius, der den Comment bewachte
Voll Neubegier sprach er in seinem Herz und dachte:
Der alte Comment schläft, ich kann wohl ein wenig gehn,
Hab eine Paukerei noch nie mit angesehn. – –
Kaum hat er den Comment aus dem Gesicht verloren,
So traf der Schläger Klang an Comments alte Ohren,
Er rafft sich trunken auf, eilt mit des Sturmes Flug
Hinab und sieht gerad, wie man den Aushieb schlug.
Er reißt den Hieber aus, stellt Weiß sich an die Seite,
Legt sich vor seinen Sohn in seiner ganzen Breite.
O Seni, wackrer Held, umsonst ist deine Müh,
Nicht Weiß pariert den Hieb, ein Dämon fechtet hie.
Doch Comment, hättest du nicht einen Rausch gesoffen;
Denn so parierst du falsch, dein Söhnlein wird getroffen,
Du schlägst noch einen Hieb und hinderst ihn und dich
Und in dem Bärenarm sitzt blutendrot ein Stich.
Doch Comment raunt dem Weiß sogleich in seine Ohren:
»O Sohn! mach jetzt nicht fort, sonst bist du ganz verloren,
Mein Unstern folgt mir heut, es ist ein Unglückstag,
Ich sehe nichts genau, mein Arm ist heut ganz schwach.«
Pharsolie steigt her, um wieder anzufragen,
Ob es dem Herrn belieb, jetzt weiter fortzumachen,
Jedoch der Senior ist ziemlich mild und zahm.
Er spricht, er könne nicht, sein Arm sei wieder lahm.
Wie, wenn ein ledig Pferd durch die erschrocknen Straßen
Hineilt in Wut, so weiß mein Held sich nicht zu fassen.
Weit fliegt der Schläger hin, die Binde fliegt ihm nach,
Hut, Handschuh, Schwanzparad durchfliegen das Gemach.
Jedoch vor innrer Wut schweigt er tiefsinnig stille,
Doch Held Pharsolie, mit schröcklichem Gebrülle
Füllt er die Wände an, es springt das Fensterglas,
Das ganze Waldhorn wankt, die Schwaben werden blaß.
Wie eine Löwin brüllt, der man ein Kind entrissen,
So brüllt Pharsolie, daß Weiß nicht angeschissen
Von Senis Klinge ward. Der Schwabe wünscht sich Glück
Und eilt mit Siegsgefühl den Weg nach Haus zurück.
So ward dir denn, mein Held, noch nicht von dem Geschicke
Die Gunst, daß jenen Weiß dein Schläger niederdrücke;
Noch einmal bracht er heil die Haut nach Haus zurück,
Noch einmal rettete ihn Comment und sein Glück.

Der »Seniade« dritter Gesang

Schon dreimal hat indes am blauen Horizont
Seit jener Paukerei erneuert sich der Mond,
Noch immer schob der Schwab zu Senis großem Leide
Ob seinem lahmen Arm die Paukerei ins Weite;
Täglich besuchte ihn sein Genius Comment,
Lobt ihn und ratet ihm stets dieses Mittel an.
Doch Seni tummelt sich indessen in dem Felde,
(Denn jenen Sommer es nie an Skandälern fehlte;)
Oft sekundiert er, dann ist er wild und bös,
Als Zeuge ist er fein, schlau und maliziös,

Doch kommen dabei auch in seine Klinge Scharten,
Die Franken schmiert er aus, God damn! nach allen Arten.
Dem Frankenmatador, dem forschen Herrn Bäumelein,
Haut er sein Wappen tief in Nas und Wangen ein.
So rast der edle Held mit seinem guten Schwerte,
Als wollt er alle Korps abmähen von der Erde;
Jedoch, wie sehr die Welt sein Name auch erfüllt,
Noch ist der Durst nach Blut des Schwaben nicht gestillt.
Indem vor Senin so zur Rechten und zur Linken
Von seinem Schwert besiegt all seine Feinde sinken,
War zwar Armin erfreut ob diesem Heldenbild;
Doch auf den Senior ist er ganz furchtbar wild.
Zu Comment geht er hin, daß er ihn koramiere,
Wie er zu dieser Schmach den Senior verführe.
»Erbärmlicher«, spricht er, »was hältst du ihn zu Haus?
Was ist's? warum ficht er den alten Witz nicht aus? –
Meinst du, o Lügengeist, du könntest mich belügen,
Mit solchen Flausen mich, mich einen Gott, betrügen?
Nicht wahr? von Mohren ward sein feiges Herz ihm warm
Und darum lähmtest du dem Schwaben seinen Arm?«
»Armin!« sprach Comment drauf, »du darfst dich nicht so grämen,
Hol mich der Teufel, ich brauch mich auch nicht zu schämen,
Du hast, o Tugendheld, selbst solches praktiziert
Und an der Nas damit manch braven Kerl geführt,
Und meinst du denn vor dir, Armin, werd ich mich scheuen?
Du warst mir längst verhaßt mit deinen Narreteien.
Seit anno 15 her, ich hab es wohl verspürt,
Hast du mir manchen Kerl verstohlen abgeführt.
Ich sagt es dir schon lang, du werdst nicht lange reichen
Mit Freiheit Vaterland und deinen andern Saichen;
Jugend will fröhlich sein, die Jugend hat Geschmack
An Besen und an Spiel, doch nicht an solchem Schnack.
Komm her, du lieber Kerl, und laß das Saichen bleiben;
Komm, reiche mir die Hand, wir wollen Freunde bleiben,
Sitz her und trink mit mir von diesem Götterwein,
Wir lassen Weiß und Hauff dann gute Freunde sein!«
Er sprach's. Jedoch Armin mit Hoheit tritt zurücke,
Er sieht ihn lange an mit majestät'schen Blicke:
»Ich soll um Buhlerei und um Gemeinheit frein,
Germanias Genius sollt seine Hand dir leihn?«
Stolz steht er und erhebt die freien hohen Glieder,
Und der Verräter Geist schlägt seine Augen nieder,
Und dreimal hebt er auf das wilde Angesicht,
Doch den stolzen Blick Armins erträgt er nicht.
»Sieh Lügengeist! ich hab trotz deinem frechen Spotten
Fünf volle Jahre lang die Rechte dir geboten;
Du schlägst sie aus – wohlan jetzt alter Renommist,
Jetzt zeige, was du kannst, jetzt zeige, wer du bist!
Hier liegt mein Fehdhandschuh, wir wolln uns ehrlich schlagen;
Hast über Armin *du* den Sieg davongetragen,
So ende dies Gefecht den Weißischen Skandal,
Wo nicht, so muß dein Weiß vor Senis blanken Stahl!«

Er sagt's und zieht den Stahl: auch Comment zieht den Hieber
Und legt in Steilparad sich Armin gegenüber,
Es rasselt Kling an Kling, wie Blitze zuckt ihr Stahl,
Wie Donner rollt ihr Klang dahin durch Berg und Tal,
Doch bald erschlafft Comment vom ungewohnten Streite,
Das Schwert entfällt der Hand, er flieht und sucht das Weite,
Wie ein Sternschnupp schießt er an dem Himmel hin;
Armin steht ab vom Streit und läßt ihn sicher fliehn.
Er läßt sich jetzt hinab vom hohen Himmelszelte
Ins liebe Neckartal, daß er dem Helden melde,
Wie jetzt die Sachen stehn, er fährt hinab durchs Dach,
Steigt durchs Kamin herab und tritt in das Gemach.
Dort traf er Seni an in Kummer und in Sorgen,
Er hat gerad kein Geld und niemand will ihm borgen.
Es brummt die Wäscherin, der Schneider fordert Geld,
Der Roßphilister will, was ihm gerade fehlt.
»Was trauerst du, mein Sohn«, fängt Armin an zu fragen,
»Willst deinem Schutzgeist du nicht deinen Kummer sagen?«
Er spricht: »Ich schäme mich, zu sagen, was mir fehlt,
O quae mutatio! es fehlt, es fehlt mir – Geld!«
»Geld?« fragt Armin, »damit kann ich mich nicht befassen,
Doch weißt du was? laß nur die Herrn Philister passen;
Was Wichtigeres weiß ich, ich will es dir gestehn,
Denk, der Skandal mit Weiß kann jetzt bald vor sich gehn,
Doch eines muß ich dir vorerst, mein Seni, sagen
Bedingungen muß ich bei meiner Hülfe machen;
Seni, mein Sohn, ist dein Gewissen rein?
Fällt nichts Unrechtes dir in deinem Sinne ein? –
Du schweigst? So wisse denn, dein ewiges Poussieren –
Den Helden kann es nie und nie den Burschen zieren;
Sei klug und gib es auf; laß Carolinen sein,
Und ich verspreche dir der Sieg ist völlig dein!
Geziemt's, zum Aufenthalt die Küche sich zu wählen,
Zu kochen, wie die Magd, und gar Kartoffel schälen?
Hat je ein Bursch, wie du, Pfannkuchen appretiert,
Und Eier, Mehl und Milch zu Spatzen umgerührt?
Kurzum, mein lieber Sohn, um mich jetzt kurz zu fassen,
Labbalien kannst du hinfüro bleiben lassen.
Versprich es mir gewiß, erspare mir die Qual,
Und jener Schwabe sinkt vor deinem tapfern Stahl!«
Zerknirscht steht unser Held und schlägt die Augen nieder;
Doch faßt er neuen Mut, bald hebt er auf sie wieder,
Gelobt, was jener will mit treuergebnem Sinn,
Und zum Olympos eilt mit frohem Sinn Armin.
Doch, wie's den Sterblichen schon öfter ist ergangen,
So geht's dem Helden auch; kaum hat er angefangen,
Die Liebliche zu fliehn, sie nicht mehr anzusehn,
So fühlet schon sein Herz des Liebeskummers Wehn.
Doch endlich siegt Amor und er poussiert sie wieder,
Steht zu ihr an den Herd, singt ihr verliebte Lieder,
Tanzt gar beim Ochsenball mit ihr den Kotillon
Und schreibt in der Vakanz der Holden Briefe schon!

Darob ergrimmt Armin in seinen Himmelshöhen,
»Wie soll ich diese Schmach von meinem Helden sehen!
O starker Geist, vermischt mit erdgeborner Saat,
Wie ist dein Wille stark, wie schwach ist deine Tat!
Wohlan, ich hab's gelobt, mein Hoffen ist zernichtet,
Seni! du selbst hast auf den Genius verzichtet,
Die Paukerei muß los nach allem Recht und Pflicht;
Doch falle zwölf mal aus, du triumphierest nicht.«
Er sprach's und winkt herab von des Olympos Zinnen,
Es folgen seinem Wink die Geister, die ihm dienen,
Sie fliegen schnell hinab, bald kehren sie zurück
Und einer beugt das Knie, spricht mit gesenktem Blick:
»Was du befohlen, Herr, es ist genau geschehen,
Beim ersten Morgenstrahl soll alles vor sich gehen,
Die Zeugen sind bestellt, geschliffen ist der Stahl,
Der Platz ist ausgesteckt zu Bühl im Rittersaal.«
Armin vernimmt's und schweigt; er winkt, die andern Geister
Gehn ehrerbietig weg nach ihres Herrn Gebot.
Er bleibt allein zurück, es steht der edle Meister
Und schaut in trübem Ernst ins dunkle Abendrot.

   Der »Seniade« vierter Gesang
   Im schönen Neckartal, ohnweit Tübingens Zinnen,
Von Rothenburg nicht fern, gerade mitten innen,
Steht Bühl, ein altes Schloß, von Altertum ergraut,
Man weiß nicht ganz gewiß, von wem es ward erbaut.
Einst hausten Ritter dort im milden Neckartale,
Oft haben sie gezecht im hohen Rittersaale,
Nicht mehr ein Freudensaal zu frohen Festgelagen
Ist dieser alte Saal in ihrer Enkel Tagen;
Dort klingt nicht mehr wie sonst, der frohe Festpokal,
Dort tönet nur der Klang vom blanken Schlägerstahl,
Denn, wie die Ritter einst in grauer Vorzeit Tagen,
Pflegt dort um seine Ehr der Bursche sich zu schlagen.
Ja, diese Wände sahn schon oft des Burschen Mut,
Ja, dort floß um die Ehr schon vieler Tapfern Blut.
Dort zog auch Seni hin, beim ersten Morgenstrahle
Kam wohlgerüstet er zum alten Rittersaale;
Die Freunde um ihn her, zog er dort fröhlich ein,
Er eilt, der letzte nicht beim Kampfesplatz zu sein.
Mit ihm kam Steinemer und viele andre Helden,
Die um die Burschenehr schon viele Kämpfe zählten,
Und auf die Warte ward sogleich ein Fuchs geschickt,
Der nach Pedell und Schnurr weit in die Gegend blickt.
Auch hab ich von damals aus sicherer Hand vernommen,
Es sei mit Held Seni ein wicht'ger Mann gekommen,
Ein Teutscher von Geburt, Herr Theurer, Paukdoktor
Doch kommt er im Vertraun wie ein Kalmück mir vor;
Die kurze dicke Nas, die kleinen Augenlücken,
Die braune Farb, kurz alles deutet auf Kalmücken.
Doch Seni, da bist du in guten Händen nicht,
Er ist bis in den Tod verliebt, der arme Wicht.
Auf stolzen Rossen kommt der Schwab jetzt angeflogen,

Dem Seni wird sogleich der Paukwichs angezogen.
Ob alles richtig sei, greift mit genauem Blick
Steinheimer, denn hier hat er viel Geschick.
»Die Klinge sitzt nicht fest«, spricht er mit wildem Grämen,
»Man sollte lieber doch den Nro. 2. mitnehmen,
Die Binde ist zu tief, es sitzt zu hoch der Hut,
Das Hemd wirft Falten hier, die Schnalle hält nicht gut.«
Jetzt ist er in Balance; der Senior ist fertig
Und Seni tritt heraus, des tapfern Feinds gewärtig.
Er tritt auf die Mensur und kühner schwillt der Mut,
Es pocht das Heldenherz, es fordert Schwabenblut.
Der Schwabe hat jetzt auch den weißen Strich betreten,
Doch nicht ohne zuvor zu seinem Gott zu beten;
Schwarz, weiß und rot umzieht den scharfen Haurapier,
Sein heil'ges Symbolum ist: Suevia sei 's Panier!
Jetzt schallt es: »Legt euch aus, und bindet jetzt die Klingen!«
»Gebunden ist«, ruft forsch der Sekondant zur Linken,
»Los!« – »Hurra drauf Seni, ha! dring nur mutig ein
Und schwing dein Heldenschwert, dein muß der Sieg ja sein!«
Von allen ungesehn steht Armin an der Seiten
Und sieht mit tiefem Ernst, wie jene Burschen streiten,
Und so spricht er den Bann, von allen ungehört,
Er spricht den Strafebann ob unsres Helden Schwert,
Und zwölfmal rasselten die Schwerter aneinander
Und zwölfmal trennte man die Helden voneinander.
» Halt!« ruft der Sekondant, und » Halt!« hallt's durch den Saal,
»Halt!« und zu Ende ist der feindliche Skandal.
Ins einsame Gemach tritt Seni jetzt zurück,
Er rast, er schäumt vor Wut, verflucht sein Mißgeschick,
Daß er den Senior nicht besser hab gezwickt
Und nicht mit spannenlanger Wund nach Haus geschickt,
Da schwebt zu ihm Armin herab vom sel'gen Lande
Und majestätisch steht er da im Lichtgewande;
Ein schwarzes Feierkleid um seine Glieder fällt,
Auch nicht die Binde rot und schwarz und golden fehlt;
Vom Haupt herab fiel ihm der goldnen Locken Fülle,
Die schlanken Glieder deckt nur kaum die schöne Hülle,
Sein blaues Auge strahlt, wie blauer Himmelsplan,
So steht er und so hebt er diese Worte an:
»Zum letzten Mal steig ich vom Himmel nieder,
Ich kehre nimmer, lebe wohl mein Held!
Dir schenk ich meine ganze Liebe wieder,
Bei Gott, sie hat dir niemals ganz gefehlt;
Sei würdig deiner Ahnen,
Durchlauf des Lebens Bahnen
Mit festem Mut, mit freiem treuen Sinn,
Einst leit ich dich zu meinem Himmel hin!
Zum letzten Mal steig ich vom Himmel nieder,
Ich kehr zurück zu meinem Sternenzelt,
Doch was ich jetzt dir sage, sag es wieder,
Laß laut es hallen durch die öde Welt!
Drum höre meine Worte, es sind gewicht'ge Worte,

Bewahre sie in freiem treuen Sinn,
Die dir gesagt dein Genius Armin:
Kennst du den Dom, so fest, so stark gegründet,
Daß er vom Sturm der Zeiten nimmer sank,
Um den sich eine Felsenmauer windet,
Die nie durchbrochen arger Feinde Drang?
Vier hohe Säulen ragen,
Den Tempel fest zu tragen.
Kennst du die Säulen, die so fest bestehn,
Kennst du den Tempel, den du oft gesehn?
Die erste Säule, die so stark beschützet,
Sie ist's, auf dem die Erd ist aufgebaut,
Sie ist's, auf die von je die Welt sich stützet,
Wohl dem, der dieser Säule stets vertraut!
Es lebt ein Gott der Freien,
Ein Vater lebt der Treuen.
Auch euer Heiligtum beschützt ein Gott
Ein Vater trägt euch fest in Not und Tod.
Die zweite Säule, hell und klar zu schauen,
Sie blinkt so hell, so schön, so fleckenrein,
Fest kann auf die der freie Mann vertrauen;
Die zweite Säule muß die Ehre sein.
Die Ehre ist's o Brüder!
Seid ehrenhaft und bieder!
Nur mit der Ehre kann der Tempel stehn,
Fällt diese Säule, muß er untergehn.
Die dritte, nimmer wird sie untergehen,
Ist sie gegründet in des Mannes Brust,
Nach ihr mußt du, o Heldenjugend sehen,
Sie ist des teutschen Jünglings höchste Lust;
Sie sprenget alle Bande
Sie einet alle Lande;
O Freiheit, Freiheit, süßer Himmelsklang,
Du bist's, du bist's, dir tönet mein Gesang.
Und soll ich an die vierte euch noch mahnen,
Um die ihr strebet nach dem Heldenruhm?
O heil'ger Boden tapfrer teutscher Ahnen,
Bist du die vierte in dem Heiligtum?
O teutsches Land in Ketten,
Dich werden sie erretten,
Daß hoch du stehst in alter Herrlichkeit,
Ein freies Land, wie in der Väter Zeit;
Dies ist das Heiligtum, so fest gegründet,
Die Säulen dies, auf die es aufgebaut;
Ein Panier auf der Zinne euch verkündet,
Worauf der feste Heldentempel traut.
Das schwarz-gold-rote Zeichen,
Das nimmer wird erbleichen;
Solang des Tempels hohe Säulen stehn,
Wirst du Panier frei durch die Lüfte wehn.
Denn nicht ein Meteor, das, schnell entzündet,
Am schwarzen Himmel wieder untergeht,

Nein dieses *Rot* hat Schöneres verkündet,
Nicht Eitles, was die eitle Zeit verweht,
Die *schwarze* Nacht muß sinken,
Ein Morgenrot erblinken.
Schon bricht sein *goldner* Strahl hervor mit Kraft –
Das ist *dein* Zeichen teutsche Burschenschaft!«

Entschuldigung

Kam einst ein englischer Kapitan
Zu Stambul in dem Hafen an,
Der wollte nach der langen Fahrt
Sich gütlich tun nach seiner Art,
Und in Stambuls krummen Gassen
Vor den Leuten sich sehen lassen.
Hatte auch weit und breit gehört,
Wie die Türken so schöne Pferd,
Reiche Geschirr und Sättel haben;
Wollte auch wie ein Türke traben,
Und bestellt auf abends um vier
Ein recht feurig arabisch Tier.
Ziehet sich an im höchsten Staat,
Rotem Rock, mit Gold auf der Naht,
Schwärzt den Bart um Wange und Maul
Und steigt Punkt vier Uhr auf den Gaul.
Drauf, als er reitet durch das Tor,
Kam es den Türken komisch vor,
Hatten noch keinen Reiter gesehn
Wie den englischen Kapitän;
Die Knie hatt er hinaufgezogen,
Und seinen Rücken krumm gebogen,
Die Brust mit den Tressen eingedrückt,
Auch den Kopf tief herabgebückt,
Saß zu Pferd wie ein armer Schneider.
Doch der Schiffskapitän ritt weiter,
Glaubte getrost die Türken lachen
Aus lauter Bewundrung in ihrer Sprachen.
So ritt er bis zum großen Platz,
Da macht der Araber einen Satz
Und steigt; der englische Kapitän
Ergreift des Arabers lange Mähn,
Gibt ihm verzweiflungsvoll die Sporen,
Und schreit ihm auf englisch in die Ohren;
Das Roß den Reiter nicht verstand,
Setzt wieder und wirft ihn in den Sand.
Die Türken den Rotrock sehr beklagen,
Haben ihn auch zu Schiff getragen,
Und seinem Dragoman, einem Scioten,
Haben sie hoch und streng verboten,
Er dürf's nimmer wieder leiden,
Daß der Herr den Araber tät reiten.
Als sie verlassen den Kapitan,
Befiehlt er gleich dem Dragoman,
Ihm auf englisch auszudeuten,
Was er gehört von diesen Leuten.
Der Grieche spricht: »Es ist nichts weiter,
Sie glauben Ihr seid ein schlechter Reiter,
Wollen Ihr sollt in Stambuls Gassen

Nimmer zu Pferd Euch sehen lassen.«
Des hat sich der Kapitän gegrämt
Und vor den Türken sehr geschämt.
Spricht zum Dragoman: »Geh hinein
Und sage den Türken, es kommt vom Wein.
Der Herr ist sonst ein guter Reiter,
Aber heut an der Tafel, leider,
Hat er sich ziemlich im Sekt betrunken,
Da ist er im Rausche vom Pferd gesunken.«
Der Grieche ging zum Hafentor
Und trug den Türken die Sache vor.
Doch diese hören ihn schaudernd an:
»Wir glaubten Gutes vom roten Mann,
Und dachten er sitze schlecht zu Pferd,
Weil's ihn sein Vater nicht besser gelehrt;
Aber wie! vom Weine betrunken,
Ist er im Rausche vom Pferd gesunken!
Pfui dem Giaur und seinem Glas,
Allah tue ihm dies und das!«
Da sprach ein alter Muselmann:
»Glaubt's nicht Leute, höret mich an,
Nicht weil der Frank zu viel getrunken,
Ist er schmählich vom Roß gesunken.
Hab gleich gedacht es wird so gehn,
Als ich ihn habe reiten sehn,
Die Knie hoch hinaufgezogen,
Den Rücken krumm und schief gebogen,
Die Brust mit Tressen eingedrückt,
Kopf und Nacken niedergebückt.
Denk ich, wenn sein Rößlein scheut,
Ihn sein Reiten gewiß gereut.
Aber nein, ich will euch sagen,
Warum er wollte den Wein verklagen,
Und stellt sich lieber als Säufer gar
Denn als ein schlechter Reiter dar.
Das macht des Menschen Eitelkeit,
Die ihn zu Trug und Lug verleit'.
Will mancher lieber ein Laster haben,
Hätt er nur andere glänzende Gaben;
Und mancher lieber eine Sünd gesteht,
Eh er eine Lächerlichkeit verrät;
Ein dritter will gar zur Hölle fahren,
Um sich ein falsch Erröten zu sparen.
So auch der fränkische Kapitan,
Schämt sich und lügt uns lieber an,
Will lieber Säufer sich lassen schelten,
Als für einen schlechten Reiter gelten.«

Feuerreuterlied

(1824)

Wer seines Leibes Alter zählet
   Nach Nächten, die er froh durchwacht,
Wer, ob ihm auch der Kreuzer fehlet,
   Sich um die Pfennig' lustig macht,
Der findet in uns seine Leute,
   Der sei uns brüderlich gegrüßt,
Weil ihn, wie uns, der Gott der Freude
   In seine sanften Arme schließt.
     Chor:
So haben immer wir gedacht,
   So haben's immer wir gemacht;
Drum auf! empor! das Glas empor!
   Und stoßt mit an, ihr Feuerbrüder!
   Denn Liebe, Frohsinn, Wein und Lieder
Umschlingen unsern Feuer-Chor.
   Wenn von dem Tanze sanft gewieget,
   Von Flötentönen süßberauscht,
Fein Liebchen sich im Arme schmieget
   Und Blick um Liebesblick sich tauscht,
Da haben wir im Flug genossen
   Und schnell den Augenblick erhascht,
Und Herz an Herzen fest geschlossen
   Der Lippen Liebesgruß genascht.
     Chor:
So haben immer wir etc. etc.
   Den Wein kannst du mit Gold bezahlen,
   Doch ist sein Feuer bald verraucht,
Wenn nicht der Gott in seine Strahlen,
   In seine Geisterglut dich taucht;
Uns, die wir seine Hymnen singen,
   Uns leuchtet seine Flamme vor,
Und auf der Töne freien Schwingen
   Steigt unser Geist zum Geist empor.
     Chor:
So haben immer wir etc. etc.
   Drum, die ihr frohe Freundesworte
   Zum würdigen Gesang erhebt,
Euch grüß ich, wogende Akkorde,
   Daß ihr zu uns herniederschwebt!
Sie tauchen auf – sie schweben nieder,
   Im Vollton rauschet der Gesang,
Wie lieblich hallt in unsre Lieder
   Der vollen Gläser Feierklang.
     Chor:
So haben immer wir etc. etc.

So haben's immer wir gehalten,
    Wir *tapfre Feuerreuterei*,
Und mag die Welt um uns veralten,
    Wir bleiben ewig jung und neu;
Denn wird einmal der Geist uns trübe,
    Wir baden ihn in altem Wein,
Und ziehen mit Gesang und Liebe
    In unsern Freudenhimmel ein.

Freiheit-Hoffnung

(Januar 1823)

Freiheit, wo weilst du! Du zauderst so lange,
Vaterland sehnet nach dir sich so bange!
Kehrst du nimmer zu uns zurück?
Wendest von uns nur den trauernden Blick?
Ja! als mein Volk die umstrickenden Bande
Sprengte mit mutig geschwungenem Schwert,
Als es mit Blut abschwemmte die Schande
Von dem geschändeten heimischen Herd:
Da lauschtest du dem Siegestone,
Der aus den Schlachten zum Himmel gekracht,
Und du entschwebtest dem himmlischen Throne,
Weihtest dem Volke die Siegerkrone,
Deutschland strahlte in alter Pracht;
Tag war erwacht,
Es sank die Nacht. –
Tage des Sieges, ihr konntet entweichen?
Freiheit verließ euch, ihr grünenden Eichen!
Ach, es verwelkte das fröhliche Grün,
Grünende Hoffnung, du mußtest verblühn.
Ach! auf den Bergen verlöschten die Feuer,
Nacht umlagerte drückend die Welt –
Floh die Begeistrung, ihr tapfern Befreier,
Die eure Herzen zum Siege beseelt?
Das Band der Gauen ist zerschlagen!
Fragt ihr: wer wagte die frevelnde Tat?
Schreiet zum Himmel um Rache, ihr Klagen!
Die, die den Szepter des Vaterlands tragen,
Traten mit Füßen der Freiheit Saat;
Fürstenrat –
Er wagte die Tat.
Klage, o Deutschland, trauert ihr Gauen!
Die, die geschworen den Tempel zu bauen,
Haben den Altar höhnend zerstört,
Haben zersplittert der Heimat Herd!
Doch, ob das Land jetzt feindlich zersplittert,
Ob auch zersplittert die Volkskraft sei,
Haben den Geist sie nimmer umgittert,
Der in der Brust lebt, männlich und frei!
Der Geist hat unsre Brust durchdrungen;
Brüder, wenn Glaube und Schwur uns betrügt,
Nur mit Begeisterung tapfer gerungen!
Ist uns das herrliche Werk gelungen,
Dann aus den Grüften die Freiheit fliegt,
Wahrheit siegt,
Das Falsche liegt.
Offen ins Antlitz schaut euch die Jugend,
Aber ihr glaubt nicht an männliche Tugend,

Zittert vor nächtlich heimlicher Tat,
Suchet und suchet nach Trug und Verrat.
Ob ihr auch spottet das tapfere Streben,
Hochgefühl schwellt doch des Jünglings Brust,
Vaterlands blutig zerrissenes Leben
Frisch zu vereinen, ist unsere Lust.
Ein freies Deutschland wollen wir wieder,
Einer für alle *ein* Vaterland;
Steige zu uns, o Freiheit, hernieder!
Hoffet auf sie und füllet, ihr Brüder,
Auf die Pokale bis an den Rand,
Schwört Hand in Hand
Dem Vaterland.

Grabgesang

Vor des Friedhofs dunkler Pforte
　Bleiben Leid und Schmerzen stehn,
Dringen nicht zum heil'gen Orte,
　Wo die sel'gen Geister gehn,
Wo nach heißer Tage Glut
Unser Freund im Frieden ruht.
Zu des Himmels Wolkentoren
　Schwang die Seele sich hinan,
Fern von Schmerzen, neugeboren,
　Geht sie auf – die Sternenbahn;
Auch vor jenen heil'gen Höhn
Bleiben Leid und Schmerzen stehn.
Sehnsucht gießet ihre Zähren
　Auf den Hügel, wo er ruht:
Doch ein Hauch aus jenen Sphären
　Füllt das Herz mit neuem Mut;
Nicht zur Gruft hinab – hinan,
Aufwärts ging des Freundes Bahn.
Drum auf des Gesanges Schwingen
　Steigen wir zu ihm empor,
Unsre Trauertöne dringen
　Aufwärts zu der Sel'gen Chor,
Tragen ihm in stille Ruh
Unsre letzten Grüße zu.

Hans Huttens Ende

Laut rufet Herr Ulrich, der Herzog, und sagt:
»Hans Hutten reite mit auf die Jagd,
Im Schönbuch weiß ich ein Mutterschwein,
Wir schießen es für die Liebste mein.«
Und im Forst sich der Herzog zum Junker wandt:
»Hans Hutten, was flimmert an deiner Hand?«
»Herr Herzog, es ist halt ein Ringelein,
Ich hab es von meiner Herzliebsten fein.«
»Herr Hans, du bist ja ein stattlicher Mann,
Hast gar auch ein güldenes Kettlein an.« –
»Das hat mir mein herziger Schatz geschenkt
Zum Zeichen, daß sie noch meiner gedenkt.«
Und der Herzog blicket ihn schrecklich an:
»So? das hat alles dein Schatz getan!
Der Trauring ist es von meinem Weib,
Das Kettlein hing ich ihr selbst um den Leib.«
O Hutten, gib deinem Rappen den Sporn,
Schon rollet des Herzogs Auge im Zorn;
Flieh, Hutten, es ist die höchste Zeit,
Schon reißt er das blinkende Schwert aus der Scheid!
»Dein Schwert raus, Buhler, mich dürstet sehr,
Zu sühnen mit Blut meines Bettes Ehr!«
Flugs, Junker, ein Stoßgebetlein sprich,
Wenn Ulrich haut, haut er fürchterlich.
Es krachen die Rippen, es bricht das Herz;
Ruhig wischet Ulrich das blutige Erz,
Ruhig nimmt er des ledigen Pferdes Zaum,
Und hänget die Leich an den nächsten Baum.
Es steht eine Eiche im Schönbuchwald,
Gar breit in den Ästen und hochgestalt;
Zum Zeichen wird sie Jahrhunderte stahn,
Hier hing der Herzog den Junker dran.
Und wenn man den Herzog vom Lande jagt,
Sein Name bleibt ihm, sein Schwert; er sagt:
»Mein Name, er verdorret ja nimmermehr,
Und gerächet hab ich des Hauses Ehr.«

Hoffe!

Stimme von dem braunen Hügel,
  Die du oft ins stille Tal
Widertönst die lauten Worte,
  Lieben trauten Widerhall,
Stimme, die du meine Lieder,
Die Akkorde meiner Zither
  Widertönst, erschalle,
Gib nicht neckend meine Frage wieder,
Gib mir Antwort, Stimm im stillen Tale.
Stiller Strom im grauen Bette,
  Eile nicht so schnell davon,
Daß mein Ohr einmal verstände
  Deiner Wellen leisen Ton;
Deine schönen Silberquellen
Sollen traulich mir erzählen,
  Rausche lauter, rausche,
Sprich zu meinem Ohr aus deinen Wellen,
Daß ich deine Sagen mir erlausche.
Die ihr an dem alten Turme
  Oft im Mondesschimmer webt
Und in nächtlich-stiller Stunde
  Durch den blassen Hain entschwebt,
Nebelschatten alter Helden,
Ach, daß sie mir [doch] erzählten,
  Steht mir Red, ich frage,
Wollt ihr nichts aus euren Tagen melden,
O wie gerne lauscht ich eurer Sage.
Von den alten öden Zinnen
  Schauen düster sie herab,
Ach! sie blicken von den Türmen
  Schweigend in ein ödes Grab;
Alles Edle ist verklungen,
Alles hat die Zeit verschlungen,
  Dem Geschlecht hienieden,
Das so tief in seinem Fluch gesunken,
Haben keine Antwort sie beschieden!
Auch des Stromes stille Wellen
  Haben schönre Zeit gesehen,
Als noch edlere Geschlechter
  Bauten auf der Berge Höhen,
Stolz verachtet er die Frage,
Übertönet meine Klage,
  Seine blauen Wogen
Denken schweigend jener schönen Tage,
Schweigend sind durchs Tal sie hingezogen.
Und so steh ich denn alleine
  In der stillen Mondesnacht,
Weine um die trüben Zeiten,
  Ob kein neu Geschlecht erwacht?

Ach, daß sich mein Volk ermannte,
Daß es sprengte seine Bande!
    Ob ich wohl noch hoffe?
Lautlos fließt der Strom vom grauen Strande,
Nur das leise Echo ruft mir: »Hoffe!«

Hoffnung

Ein Ruf ist erklungen
Durch Berg und durch Tal:
Heraus, ihr deutschen Jungen,
Zum grünen Waffensaal!
Erwacht sind die Geister
Aus schmählichem Tod,
Als uns der alte Meister
Den deutschen Gruß entbot.
Da brausten die Flammen
Von tapferem Mut;
Da wogten sie zusammen,
Zu *einer* Seele Glut.
Verbannt sind die Geister,
Zerstört ist die Glut,
In Bande schlug den Meister
Der Herren feiger Mut.
Doch ist's auch versunken
Das flammende Wort,
Es glüht ein guter Funken
Noch in der Asche fort.
Uns flammt noch das Auge
Von männlicher Lust,
Uns glüht vom Freiheitshauche
Die frische, frohe Brust.
Uns soll nicht vergehen
Der Funken der Nacht,
Bis einst der Freiheit Wehen
Zur Flamm ihn angefacht.
Dann schweben uns wieder
Die Geister voran,
Und deine Burg bricht nieder,
Du alter Meister Jahn!

Ihr Auge

Ich weiß wo einen Bronnen
    Voll hellem Himmelstau,
Es glänzt der Strahl der Sonnen
    Aus seines Spiegels Blau;
Er ladet klar und helle
    Zu süßer Wonne ein,
Es winkt aus seiner Quelle
    Der Sonne milder Schein.
Mir war als sollte drunten
    In seiner klaren Flut
Das arme Herz gesunden
    Von seinem bangen Mut.
Ich tauchte freudig nieder,
    Ins klare Blau hinab,
Mein Herz das kam nicht wieder,
    Fand in dem Quell sein Grab.
Kennst du den süßen Bronnen,
    So klar und silberhell?
Kennst du den Strahl der Sonnen
    Aus seinem blauen Quell?
Das ist des Liebchens Auge,
    Ihr süßer Silberblick –
Aus seiner Tiefe tauche
    Ich nie zum Licht zurück.

Jesuitenbeichte

Nach dem Französischen

»Ich liebte zwanzig Mädchen nach der Reihe,
  Und jeder war mein ganzes Herz geweiht,
Und jede schwur mir heute ew'ge Treue,
  Und brach schon morgen ihren heil'gen Eid.
Da schwur und flucht ich keinem Weib zu trauen.«
  »Mein Sohn, wer flucht, der sündiget. Allein
Die Schuld liegt diesmal wirklich an den Frauen;
  Du sollst versöhnet und entschuldigt sein.«
»Weil ich Bestechung haßte wie die Hölle,
  Fand mein Minister mich zu ungeschickt;
Und einem feilen Kerl gab er die Stelle,
  Der sich vor seinem Kammerdiener bückt;
Da wünschte ich Herrn C . . . zum Teufel.«
  »Mein Sohn! welch rohe Leidenschaft! Allein
Bei kaltem Blut bereust du ohne Zweifel;
  Du sollst entschuldigt und versöhnet sein.«
»Mit schönen Worten, blendenden Versprechen,
  Hat ein bekannter Herr mich arm gemacht,
Und um mich für die Tausende zu rächen,
  Um die mich der Verräter hat gebracht,
Schalt ich Herrn V . . . einen Beutelschneider.«
  »Mein Sohn! das Wort war freilich grob.
Allein Die Welt nennt ihn mit diesem Namen, leider!
  Du sollst entschuldigt und versöhnet sein.«
»Das ›Sakrileg‹, ich will's gestehen, nannte
  Ich ein Gesetz für Sklaven nur gemacht,
Der Menschheit Schmach und des Jahrhunderts Schande,
  Und P . . ., ihn, der es ausgedacht,
Schalt ich den Mörder aller freien Seelen.«
  »Mein Sohn! das war ein derber Schimpf.
Allein Du irrtest menschlich, irren heißt nicht fehlen;
  Du sollst entschuldigt und versöhnet sein.«
»Und als ich diese arme Welt bedachte,
  Und sah, wie alles schief und irrig geht,
Wie man die Tugend und das Recht verlachte,
  Und wie jetzt Trug und Laster oben steht,
Da – hielt ich Gott für einen leeren Namen!«
  »Mein Sohn! du hast dich schwer verfehlt. Allein
Gott ist barmherzig gegen Sünder, amen!
  Du sollst entschuldigt und versöhnet sein.«
»Ich liebte Eintracht in Palast und Hütten,
  Doch als ich schleichend wiederkehren sah
Die Zwietracht an der Hand der Jesuiten,
  Da schwur ich ew'gen Haß Sankt Loyola,
Und ew'gen Haß und Rache seinen Söhnen!«
  »Mein Sohn! ich bin die Langmut selbst. Allein

Das heißt fürwahr das Heiligste verhöhnen!
    Vor *Uns* und Gott kannst du nicht schuldlos sein.«

Körners Todesfeier, 26. Aug. 1822

Verstummt bist du, der goldnen Saiten Spiel,
Von einem edeln Sänger einst geschlagen,
Du rostest, treues Schwert, das in den Feind
So oft ein tapfrer Jünglingsarm getragen.
Mit stillem Antlitz schaut der Mond herab,
Geheiligt steht in seinem Glanz die Körner-Eiche.
Sein milder Strahl dringt durch die dunkeln Zweige,
Er schaut herab auf eures Meisters Grab.
Wie heilig ist doch eines Helden Gruft,
Es hebt die Seele ein begeistert Wehen
Auf von der Erde zu der Sel'gen Sitz,
Die Helden in dem Siegerkranz zu sehen.
Doch eine Träne trübt den trunknen Blick,
Was hält zurück der Seele heißes Sehnen?
Was füllt das trunkne Auge uns mit Tränen?
Die Wehmut hält der Seele Flug zurück.
Nicht immer bleibet fest das hohe Ziel,
Das heil'ge Märtyrer errungen hatten;
Nicht immer blühen aus vergoßnem Blut
Der Tapfern auf - der Freiheit goldne Saaten:
Ein dunkler Geist zieht durch die Erde hin,
Mit dürrem Sand begräbt sein blindes Wüten
Die schöne Saat; des Helden Lorbeerblüten
Und seines Sieges Früchte sind dahin.
Nur jenseits von der alten Sonnenbahn,
Dort bei des Lichtes unversiegter Quelle,
Nicht hier in kalter, dumpfer Erdennacht,
Dort strahlt um ihn des ew'gen Tages Helle.
Dort ist sein Lohn, erkämpft im Schlachtentod,
Dort schallt sein Siegsgesang in höhern Worten,
Und seine Lyra tönt in reineren Akkorden
Und seines Dankes Töne hört ein Gott.
Doch nein! zurück! zurück, kleinmütig Herz,
Noch ist das Diesseits nicht so ganz gesunken,
Noch leben heil'ger Glaube und Vertraun
Und in der Asche glühn noch Götterfunken;
Oft hast du sie im Liede angeweht,
Gefallener, im Hauche deiner Saiten,
Wenn du gesungen von der Väter Zeiten,
Von unsrer Zuversicht, die nimmer untergeht.
Noch lebt in deutscher Männer starker Brust
Die heil'ge Inbrunst für der Väter Boden,
Noch wollen sie, wie du, ein freies Land
Oder sich betten bei den freien Toten!
Ob dunkele Gewölke gegenüberstehn
Und Welt und Teufel ihre Blitze schnellen,
Durch! muß der Pfeil, die Wolke wird zerschellen,

Was Zeit gebar, muß zeitlich untergehn.
O Körner, Körner! sieh herab auf uns,
Entlocke Siegestöne deiner Leier,
Zum Kampf bereit ist deiner Brüder Schar,
Es flammt in unsrer Brust dein Heldenfeuer.
So schwören wir dem Vaterlande heut,
Das du gerötet mit der Todeswunde,
Wir schwören's jetzt in deiner Siegerstunde,
O Körner! höre du den heil'gen Eid!
Wilhelm Hauff
(29.11.1802 , † 18.11.1827)*

Lehre aus Erfahrung

Hat dir ein Autor Geld geliehn,
Und kommt und will den Wechsel ziehn,
Und kannst doch nicht sogleich bezahlen,
Ihm auch keinen andern Trug vormalen,
So sprich getrost: »Jetzt weiß ich schon,
's war als die treffliche Rezension,
Wie Euer letztes Werk gelungen,
Stund in den Literaturzeitungen;
Wäret gelobt übern Schellenkönig,
Und dennoch, deucht es mir, zu wenig.
Aber könntet Ihr nicht noch borgen
Einige Zeit?« »Seid ohne Sorgen«,
Der Autor drauf ganz freundlich spricht:
»Nach meinem Geld verlangt mich nicht.
Bleibt mein Freund! 's hat kein Gefahr,
Könnt mich bezahlen bis übers Jahr.«
Sei einer gewappnet noch so gut,
Wie Siegfried mit des Lindwurms Blut:
Du kannst ihn klüglich überwinden,
Wirst du seine *schwache Seite* finden.

Logogryph

Kennst du das Wort, das Herzen mächtig bindet?
    Kennst du der Liebe trauliches Symbol?
Das feste Band, das sich um Freunde windet,
    Des Fürsten Heil, des Vaterlandes Wohl?
An Stärke muß ihm Stahl und Eisen weichen;
    Doch hat es einen mächt'gen stillen Feind;
Streichst du des hohen Wortes erstes Zeichen,
    Hast du die finstre Macht, die ich gemeint.
So lang die Welt steht liegen diese beiden
    Im Kampf um höchstes Leid und höchste Lust;
Halt fest am Ganzen; laß sie nimmer streiten

    In deiner stillen und zufriednen Brust.
    Auflösung:

Mutterliebe

Mutterliebe!
Allerheiligstes der Liebe!
Ach! die Erdensprache ist so arm,
Oh! vernähm ich jener Engel Chöre,
Hört ich ihrer Töne heilig Klingen,
Worte der Begeistrung wollt ich singen:
    »Heilig, heilig ist die Mutterliebe!«
Wie die Sonne geht sie lieblich auf,
Blickt herab, den Blick voll süßen Frieden,
Lächelt freundlich ihren jungen Blüten –
Und die Pflanze sproßt zum Licht hinauf.
Rauhe Stürme ziehen durch die Flur,
Und die junge Pflanze bebet,
Doch die Sonne blickt durch die Natur
Und die junge Pflanze lebet,
Neu erwärmt von ihrem Blick, und strebet
    Höher noch zu ihrer Sonne auf.
Mutterliebe! du, du bist die Sonne!
    O wie leuchtest du der Blüte doch so warm!
O wie heilig ist die Mutterwonne,
    Wenn das Kind umschlingt der treue Arm!
So am Abend, so am Morgen,
    Nie ermattet sie,
Wacht in Freuden, wacht in Sorgen
    Spät und früh;
Sie begießt mit Muttertränen
    Ihrer Augen Lust,
Wärmet sie mit stillem Sehnen
    An der treuen Brust.
Süße Hoffnung schwellt die Mutterbrust,
Daß die Blüte werd zur Knospe keimen,
Früchte sieht sie in den süßen Träumen.
    Heil'ge, reine Mutterliebe,
    Daß sich nie dein stiller Himmel trübe!
    Mutterliebe!
Allerheiligstes der Liebe!
Dir ertönten jener Engel Chöre,
Als der Herr zur Erde niederstieg,
Wollt er an der Mutterlieb erwarmen
Und erwachte in der Mutter Armen.
    Sinket nieder,
    Schwestern, Brüder,
Fleht zu dem, der Mutterlieb gekannt,
Der sie schuf, sein reinstes Seelenband,
Fleht mit uns, ihr Geister unsrer Lieben,
Tragt es aufwärts unser kindlich Flehn,
Tragt's hinauf zu jenen Sternenhöhn,
Werft euch nieder vor des Vaters Thron,
Fallet nieder vor der Mutter Sohn,

Daß auf uns er seine Gnade senke,
Und den süßen Trost uns immer schenke –
  Das segensvolle Heiligtum der Liebe,
  Der Mutterliebe!

Priamus und Achilles

(Januar 1823)

An des Idas dunkeln Höhen
Hängt des Mondes stille Pracht,
Und es rauschet in dem Tale
Nur der Xanthus durch die Nacht.
Alle Flammen sind erloschen,
Und es ruht der Griechen Heer –
Einsam nur im stillen Zelte
Sitzt Achilleus tränenschwer.
Ausgetobt hat seine Rache,
Sehnsucht schwellt die Heldenbrust
Nach den Manen seines Freundes,
Seiner Jugend hoher Lust.
Nach der Dioskuren Sterne
Sendet er den trüben Blick,
Nur das Traumbild ihrer Liebe
Sendet das Gestirn zurück.
Ob der Schatten sich begnüge,
Daß des tapfern Feindes Blut,
Von dem Rächerstahl vergossen,
Färbte des Skamanders Flut,
Daß der Held am Siegerwagen
Dreimal durch die bange Flur
Hinzog seines Feindes Leiche
In der blutbespritzten Spur?
Und so sinnt er, und so schaut ihn
Nur der Fackel trüber Schein,
Da rauscht auf des Zeltes Decke –
Schwebt ein Schatten zu ihm ein?
Groß ist die Gestalt zu schauen,
Wenn gebeugt auch, hoch und hehr,
Milde Silberlocken wallen
Um ein Greisenantlitz her.
Sprachlos mißt Achill die Züge,
Diese Züge ernst und mild,
Ob sein Aug ihm täuschend lüge?
Ist es Priams Heldenbild?
Eh die Frag entflieht der Lippe,
Ist der Greis ihm zugewandt,
Schaut ihm weinend in das Auge,
Faßt ihn flehend an der Hand.
»Denke nicht des Krieges Lose,
Der die Völker blutig trennt,
Denke nur des Vaters Schmerzen,
Der nur seine Lieben kennt.
Hier ist Gold, o nimm die Gaben,
Gib mir meinen Sohn zurück,
Daß noch einmal auf ihm weile

Seines Vaters trüber Blick.
Wende nicht so stolz die Blicke,
Laß mir, laß mir deine Hand!
Welche Namen muß ich rufen?
Kennst du nicht das zarte Band,
Das die Gattin eint dem Gatten,
Das das Kind dem Vater eint?
Ach! Andromache harrt unser
Und sein Astyanax weint.
Bei der Liebe deines Vaters –
Sind nicht seine Haare weiß
Wie der Greis, der zu dir flehet;
Harret nicht der edle Greis
Der Umarmung seines Sohnes,
Eh er zu den Vätern geht?
Bei der Liebe deines Vaters
Höre, was ein Vater fleht!«
Und das Auge geht ihm über
Von unnennbar tiefem Schmerz,
Und es dringt des Greisen Klage
Durch des Panzers rauhes Erz.
»Du vergibst, Patroklos' Schatten,
Wenn des Freundes Herz erliegt –
Nimm den Sohn, zieh hin im Frieden,
Vater, nimm, du hast gesiegt!«

Prinz Wilhelm

(Nach der Weise: Prinz Eugen etc.)

Prinz Wilhelm, der edle Ritter,
Ritt hinaus ins Schlachtgewitter,
   Ritt mit aus in blut'gen Strauß;
Denn als man die Trommel rührte,
Und nach Frankreich abmarschierte,
   Blieb der Kronprinz nicht zu Haus.
Durch des Rheines tiefe Wogen
Ist er schnell hindurchgezogen,
   Ziehet weiter ohne Ruh.
Auf die Feinde durch die Wälder,
Durch die eisbedeckten Felder,
   Auf die Feinde eilt er zu.
Bei Brienn' im dunkeln Walde
Unser Jägerhorn erschallte,
   Unsre Trommeln wirbeln drein;
In den Feind durch Sumpf und Graben
Stürmt der Prinz mit seinen Schwaben,
   Daß der Sieg muß unser sein.
Und bei Montereaus blut'ger Brücken,
Als der Feind wollt schier erdrücken
   Unsre kleine treue Schar,

Hat er gegen Sturmsgewalten
Ritterlich den Paß gehalten,
   Bis sein Volk gerettet war.
An der Aube, am Marnestrande,
An der Seine weitem Lande,
   Kennt man Wilhelm und sein Schwert;
Epinal auf blut'gen Wegen,
Troyes' heißer Kugelregen
   Haben seinen Stamm bewährt.
Ja, wo treue Schwaben stritten,
War auch in des Kampfes Mitten
   Unser Kronprinz stets dabei;
Ja, so stritt im Schlachtgewitter
Prinz Wilhelm, der edle Ritter,
Furchtlos, wie sein Wort, und treu.
Schlaget ein, ihr Kameraden!
Wenn zum Krieg die Trommeln laden,
   Strömen freudig wir herbei:
Denn als König zieht der Ritter
Nun voraus ins Schlachtgewitter,
Furchtlos, wie sein Wort, und treu.

Rätsel 1

Einst hieß man mich die schönste aller Frauen,
    Selbst Könige entzweite meine Macht,
Zehntausend Krieger aus Europas Gauen,
    Von Asiens Landen, schlugen manche Schlacht,
Und eher nicht war ihres Kampfes Ziel,
    Als bis erschlagen alle Heldensöhne
Und bis ein stolzes Königshaus zerfiel;
    Und dennoch pries man die unsel'ge Schöne.
Und wieder tönte jüngst mein alter Namen
    Doch bin ich häßlich und verlassen nun,
Von allen die des Weges zu mir kamen,
    Will keiner lang an meiner Seite ruhn;
Nur einer kam, der erste dem nicht graut
    An meinem Herd für immer still zu liegen
Der lange mir ins blasse Antlitz schaut
    Und bitter lacht, ob meinen düstern Zügen.
»Ach, darum also«, sprach er, »läßt du feiern
    Dein unheilvoll Gedächtnis bis auf heut,
Damit du reihtest zu den alten Freiern
    Auch einen Heros aus der neuen Zeit?
Doch lockst du mich mit keinem Erdentand,
    Denn Zeus zerschlug *dein* Ilium in Scherben!
Wohlan! auch *meine* Trojer deckt der Sand,

    So laß mich denn in deinen Armen sterben.«
    Auflösung:

Rätsel 2

Gespräch

A.   »Hast du noch immer kein X?«

  B.   »Nein, aber ich bin jetzt eben auf X.«

  A.   »Glaube mir, wenn du mehr X hättest, du würdest ohne X längst ein X haben.«

  B.   »Was dies betrifft, so hoffe ich mit meinem geringen X ohne X ein xiges X zu bekommen.«

(Wir hoffen, daß der Leser nicht X nehmen wird X zu erraten.)

Auflösung:

Rätsel 3

Es ist ein Wort, dreideutig dem Germanen;
Einst war das erste furchtbar seinen Ahnen;
Der schwere Zeiger der Geschichte rückt,
Der Deutsche erbt das Szepter; ihr erblickt,
Wie dem erwählten deutschen Sohne
Im zweiten die gewicht'ge Krone
Der Bischof auf die Stirne drückt.
Es kreist im hochgewölbten Saale

Das dritte bei dem Krönungsmahle.

Auflösung:

Rätsel 4

Noch sitzt auf halbzerfallnem Throne,
Noch hält die längst bestrittne Krone
Die alte Königin der Welt.
Ob sie wohl je vom Throne fällt?
Vielleicht; doch liest du sie von hinten,
So wirst du einen König finden,
Der herrscht, seitdem die Welt besteht,
Des Reich nur mit der Welt vergeht,
Sie schießt nicht ew'ge Donnerkeile,

Doch ewig treffen *seine* Pfeile.
Auflösung:

Regel für Kranke

Hast du mit dem Apotheker Streit,
Es dem Arzt zu klagen vermeid;
Hast du über den Arzt zu klagen,
Sollst du's nicht dem Apotheker sagen;
Denn sind sie auch Feinde immerdar,
So werden sie Freund am neuen Jahr,
Verkünden: der hat dies gesagt,
Und mir hat er von dir geklagt.
Wirst du nun krank in den ersten Wochen,
Die Arznei sie zusammen kochen:,
    »Recipe: Was er uns getan,
    Rühren wir ihm jetzt doppelt an;
    Zwanzig Drachmen von seinen Klagen
    Mit asa foetida für den Magen.
    Misceatur, detur, nebst unsrem Groll,
    Alle Stunden zwei Löffel voll.«,
Und stirbst du nicht in der Blütezeit
Ihrer neuen Herzinnigkeit,
Lassen sie dich so lange liegen
Bis sie selbst wieder Händel kriegen.,
Merke: Zweier Gegner Klagen
Mußt du nicht hin und wider tragen;
Weißt nicht ob, die geschieden scheinen,
Sich nachmals gegen dich vereinen.

Reiters Morgengesang

Morgenrot,
Leuchtest mir zum frühen Tod?
Bald wird die Trompete blasen,
Dann muss ich mein Leben lassen,
Ich und mancher Kamerad.
Kaum gedacht,
War der Lust ein End gemacht!
Gestern noch auf stolzen Rossen,
Heute durch die Brust geschossen,
Morgen in das kühle Grab.
Ach, wie bald
Schwindet Schönheit und Gestalt!
Tust du stolz mit deinen Wangen,
Die wie Milch und Purpur prangen?
Ach, die Rosen welken all!
Darum still
Füg ich mich, wie Gott es will.
Nun, so will ich wacker streiten,
Und sollt ich den Tod erleiden,
Stirbt ein braver Reitersmann.
Wilhelm Hauff
(29.11.1802 , † 18.11.1827)*

Morgenlied

(Alte Soldatenweise)

Morgenrot!
Leuchtest mir zum frühen Tod?
Bald wird die Trompete blasen,
Dann muß ich mein Leben lassen,
Ich und mancher Kamerad!
    Kaum gedacht,
War der Lust ein End gemacht!
Gestern noch auf stolzen Rossen,
Heute durch die Brust geschossen,
Morgen in das kühle Grab.
    Doch! wie bald
Welket Schönheit und Gestalt!
Prangst du gleich, mit deinen Wangen,
Die wie Milch und Purpur prangen,
Ach! die Rosen welken all.
    Und was ist
Aller Mannsbild Freud und Lust?
Unter Kummer, unter Sorgen
Sich bemühen früh am Morgen,
Bis der Tag vorüber ist.
    Darum still
Füg ich mich, wie Gott es will,
Und so will ich wacker streiten,
Und sollt ich den Tod erleiden,
Stirbt ein braver Reitersmann.

Scharade

Der *ersten* Silb entströmen Wein und Lieder,
    Und was du einsam denkst macht sie bekannt,
    Oft geht sie mit dem Zwang auch Hand in Hand,
Schlägt selbst in Fesseln deine freien Glieder:
Doch gibt das *zweite* Paar dir Hoffnung wieder,
    Sein Feueratem weht von Land zu Land,
    Sprengt deines Kerkers festgetürmte Wand,
Wirft deine Häscher, deine Fesseln nieder.
    Scheint *Zwei* mit *Eins* sich nimmer zu vertragen,
So ist *das Ganze* doch ein hohes Wort,
    Woran man nur den Widerspruch getadelt;
    Doch hat sein Widerspruch manch großen Geist geadelt,
Fürwahr! es starb des *Letzten* letzter Hort,

    Wär es gestorben jüngst in unsern Tagen.
    Auflösung:

Schlägerlied

gesungen für Tübingens Burschen
(Weise: Schön ist's, unter freiem Himmel)

Brüder, auf! erhebt die Klingen,
Laßt sie hell und freundlich blinken,
Stoßt auf ihre Siege an;
Lasset uns zu ihrem Preise
Lieder weihn nach alter Weise,
Denn die Klinge ziert den Mann.
Zu bewahren seine Ehre,
Zieht der Bursch die blanke Wehre,
Schwingt den Schläger frank und frei;
Denn das ist ja Burschenadel,
Daß die Ehre ohne Tadel,
Ohne Schmach der Name sei.
Ja! wie in der Vorzeit Tagen
Darf der freie Bursch es wagen:
Fordern seines Feindes Blut.
Tief verachtet er den Feigen,
Er darf Männerkraft noch zeigen,
Darf noch zeigen Heldenmut.
Und im festgeschmückten Saale
Bei des Burschen Bundesmahle
Blinkt der nie besiegte Stahl,
Gibt dem Burschen neue Weihe,
Der beim Landesvater Treue
Schwur mit klingendem Pokal.
Wird ein altes Haus begleitet,
Das mit schwerem Herzen scheidet
Aus der lieben Musenstadt:
Trägt ein Fuchs, als Waffenträger,
Vor ihm her den blanken Schläger,
Den er forsch geführet hat.
Ist ein Bruder abgeschieden
Dorthin zu dem ew'gen Frieden
Bei der alten Väter Schar:
Schmücken wir, zur Todesfeier,
Seines Sarges schwarze Schleier
Mit dem blanken Schlägerpaar.
So in Burschenfreud und -leide
Blinkst du, seine Augenweide,
Schöner Hieber, in der Luft.
Mag's zu Lust und Trauer führen,
Du mußt seine Würde zieren
Beim Gelage, bei der Gruft.
Drum so laßt sie freudig blinken,
Rufet: Hoch Germanias Klingen,
Die noch keiner weichen sah!
Selbst dem Teufel gegenüber

Ziehn wir blank Germanias Hieber,
Fallen aus – pro patria.

Schriftsteller

Es ist kein Autor so gering und klein,
Der nicht dächt etwas Rechts zu sein;
Und wär er noch so ein armer Wicht,
Geht er doch stolz und aufgericht't,
Daß man glaubt der leere Hut
Noch zu dem Kleinen gehören tut.
Auch kein Autor auf den andern baut;
Denn sei ein Paar noch so vertraut,
Darfst heut den einen heruntersetzen
Willst du den andern höher schätzen,
Und morgen, auf des zweiten Kösten,
Läßt sich der erste nennen den Besten.

    Bin einmal ein Narr gewesen,
    Hab geträumet, kurz doch schwer;
    Wollt in schönen Augen lesen,
    Daß von Lieb was drinnen wär.
    Selig von der Vahr bis Bremen
    Schwatzt ich zu der Holden mein;
    Muß mich wahrlich heut noch schämen,
    Daß ich solch ein Narr konnt sein.
    Und die Glut, die in mir brannte,
    Barg ich unter heitrem Scherz.
    Von dem lieben Schwabenlande
    Sprach ich zu dem kalten Herz.
    Wollte sie zur Heimat locken,
    Wollte alles ihr gestehn,
    Doch sie sprach ganz kalt vom Brocken,
    Dort sei alles gar zu schön.
    Meine Lieb, mein Herz, mein Schwaben
    Sind für dich zu eng, zu klein,
    Größer willst du alles haben,
    Nun so mag dein Harz dich freun!
    Fahre wohl, du kaltes Wesen,
    Freier blick ich um mich her,
    Bin einmal ein Narr gewesen,
    Hab geträumet kurz, doch schwer.

Sehnsucht

Die Sonne grüßt Tubingas Höhn,
    Der Berge Morgennebel fallen,
Und leichte Frühlingslüfte wehn,
    Im Tal die Herdenglocken schallen,
Des Neckars sanfte Welle quillt
    An der Gestade Rebenhügel,
Es taucht die alte Burg ihr Bild
    In seinen silberreinen Spiegel.
Wie wär der Morgen doch so schön,
Könnt ich mit *dir* mich da ergehn!
Und reger wogt's am Ufer hin,
    Wenn Mittag zu den Schatten ladet,
Wenn sich durch frisches Blättergrün
    Die Sonne in dem Strome badet;
Der Hirte zieht den Linden zu,
    Der Winzer steigt vom Berge nieder,
Und in des kühlen Strandes Ruh
    Erwachen ihre Kräfte wieder;
Am Neckarstrand ruht ich so gerne,
Wär nicht Louise in der Ferne.
Der Abend senket seinen Strahl,
    Die Herden ziehen von den Weiden,
Und fernhin durch das holde Tal
    Die Dörfer zu der Ruhe läuten;
Da kommen Mädchen Hand in Hand
    Den Wiesenplan heraufgezogen;
Es wölbt für sie am grünen Strand
    Der Lindengang die hohen Bogen;
Doch jenen Linden fehlt das eine,
Ich wandle ohne *sie* – alleine!
Auf geht des Mondes Silberstrahl
    Er malt den Berg mit falbem Glanze,
Er ruft die Geister in das Tal,
    Er leuchtet ihrem Reigentanze;
Ihr Berge all von Duft umhüllt,
    Du Tal, am Strome auf und nieder,
Du wärst so hold, du wärst so mild,
    Dir weiht ich meine frohsten Lieder –
Du wärst so schön im Abendscheine
Schlüg *sie* ihr Aug hier in das meine.

Sehnsucht (Lied aus der Ferne)

1824

Ihr Töne meiner Saiten,
    Ihr tönt so sanft, so mild,
Mit Träumen ferner Freuden
    Habt ihr mein Herz erfüllt.
Des Liebchens Kuß, des Liebchens Blick,
Führt mir der sanfte Ton zurück,
    Der eurem Hauch entquillt!
O lispelt leise, leise!
Dann träum ich schönre Zeiten
    Und meiner Liebe Bild.
Wenn auf der Berge Höhen
    Der Strahl des Morgens fällt,
Möcht ich mit Windeswehen
    Zu meiner Jugendwelt,
Möcht eilen mit des Morgens Strahl
Zum blauen Berg, zum fernen Tal,
    Das sie umfangen hält.
Vergebens, ach vergebens!
Mir blüht kein Wiedersehen
    In meiner Jugendwelt.

Serenade

Wenn vom Berg mit leisem Tritte
    Luna wandelt durch die Nacht,
Eil ich zu des Liebchens Hütte,
    Lausche ob die Holde wacht.
Seh ich dort die Lampe glühen,
    In dem stillen Kämmerlein,
Möcht ich wie der Lampe milder Schein
Spielend um die zarten Wangen ziehen.
Mit des Lichtes schönsten Strahlen
    Zög ich um mein liebes Kind,
Farben wollt ich um sie malen,
    Wie sie nur am Himmel sind;
Sände Schlummer ihr aufs Auge,
    Löschte sie des Lämpchens Schein,
War ihr letzter, süßer Blick noch mein,
Und ich stürbe sanft an ihrem Hauche.
Nimmer darf ich um sie weben,
    Wie der Lampe milder Schein,
Doch mein Lied darf zu ihr schweben,
    Darf der Liebe Bote sein.
Schwebt denn Töne meiner Laute
    Zu des Liebchens Kämmerlein,
Wieget sie in süße Träume ein,
Und dann flüstert: »Denke mein du Traute.«

Soldatenmut

(Weise: Mein Lebenslauf ist Lieb und Lust etc.)

Soldatenmut siegt überall,
    Im Frieden und im Krieg,
Bei Flöten- und Kanonenschall
    Erkämpft er sich den Sieg:
Sei's um ein Küßchen mit der Maid,
    Sei's mit dem Feind um Blut,
Da ist er schnell zum Kampf bereit,
    Da siegt Soldatenmut:
  Hurra!
    Da siegt Soldatenmut!
Wenn sich der Tanz im Wirbel schwingt,
    Und Aug in Auge blickt,
Der Arm sich um die Hüfte schlingt,
    Und Hand in Hand sich drückt,
Da ist die Maid in kurzer Frist
    Dem schlanken Burschen gut;
Wer lange fragt, hat nie geküßt,
    Da siegt Soldatenmut,
  Hurra!
    Da siegt Soldatenmut!
Und wenn am heißen Sommertag
    Den Marsch die Hitze drückt,
Und wenn das rasche Roß erlag,
    Und müd zur Erd sich bückt:
Hat der Soldat sich aufgerafft,
    Er singet wohlgemut,
Wirbt durch Gesang sich neue Kraft:
    So siegt Soldatenmut,
  Hurra!
    So siegt Soldatenmut!
Und wo im Tal die Banner wehn,
    Und Heer an Heer sich schließt,
Und uns von der Battrien Höhn
    Kanonendonner grüßt:
Da reißt uns durch den Waffenplan
    Des Kampfes wilde Glut,
Da – mit dem Schwert, Mann gegen Mann,
    Da siegt Soldatenmut,
  Hurra!
    Da siegt Soldatenmut.
Und wenn mein Stündlein kommen sollt,
    So bin ich frisch zur Hand:
Ich sterb ja nicht für eitles Gold,
    Ich fall fürs Vaterland.
Was ich gesollt, hab ich getan,
    Und hab's gelöst mit Blut:
So lebt, so stirbt für seine Fahn,

So siegt Soldatenmut!
Hurra!
So siegt Soldatenmut!

Soldatentreue

Wohl dem, der geschworen
   Zur Fahne den Eid,
Der sich zum Schmuck erkoren,
   Des Königs Waffenkleid.
Sei Treue verraten,
   Sei Ehre verbannt,
Doch gehn mit dem Soldaten
   Sie beide Hand in Hand.
Es grüßt ja zur Seite
   Sein Säbel ihm zu,
Und ruft ihm aus der Scheide:
   »So *treu* wie Stahl seist du!«
Die Büchse, sie winket
   So freundlich und rein;
So rein als wie sie blinket,
   Soll seine Ehre sein.
Das tönt ihm so süße,
   Das schwellt ihm den Arm,
Das macht, wie Liebchens Küsse,
   Soldatenherz so warm!
Drum auf! es ertönen
   Trompeten voll Mut;
In Vaterlandes Söhnen
   Wallt treues Heldenblut!
Die Welt mag zerreißen
   Die Schwüre wie Spreu:
Ich weiß ein Wort wie Eisen,
   Es heißt: Soldatentreu.

Stille Liebe

O dürft ich fragen, was aus ihrem Auge
    Oft so entzückend mir entgegenstrahlt,
Was, wenn ich schnell mich ihrer Seite nahe,
    Die Wangen ihr mit hoher Röte malt!
Ahnt sie, was meine Lippen ihr verschweigen,
    Was meine Brust mit stiller Sehnsucht füllt?
Hofft ich zu kühn? ist es der Strahl der Liebe,
    Der so entzückend ihrem Blick entquillt?
Warum hat doch ihr Händchen so gezittert,
    Als ich ihr gestern guten Abend bot,
Und als ich ihr recht tief ins Auge schaute,
    Was machte sie auf einmal doch so rot?
Sie hat die Rose, die ich ihr gegeben,
    So sorgsam ins Gebetbuch eingelegt;
Warum wohl? da sie sonst so gerne Rosen
    Am Busen und am Sommerhütchen trägt.
Warum schwieg sie auf einmal heute stille
    Und wußte nicht mehr, was ich sie gefragt?
Hat sie gemerkt, was ich ihr gerne sagte?
    Ich hab ihr's doch mit keinem Wort gesagt!
O hätt ich Mut! dürft ich Louisen sagen,
    Was mich so still, was mich so tief beglückt!
O dürft ich fragen, was aus ihrem Auge
    Oft so entzückend mir entgegenblickt!

Trost

Die Mißgunst lauscht auf allen Wegen,
    Daß sie der Liebe Glück verrät,
    Doch treue, zarte Liebe geht
Auf tausend unbewachten Stegen;
    Ein Druck der Hand, ein flücht'ger Blick
    Sagt mir der Liebe süßes Glück.
Und zog ich auch in weite Ferne,
    Es zog mit mir mein stilles Glück,
    Denn schau ich nicht der Liebe Blick,
So blick ich auf zum Abendsterne;
    Wie ihres Auges stille Glut
    Strahlt er ins Herz getrosten Mut.
Und wallen meine Tage trüber
    Und dringt kein Trost von ihr zu mir,
    Und dringt mein Sehnen nicht zu ihr,
Kein Wort von ihr zu mir herüber;
    Mein stilles Glück ist nicht getrübt,
    Ich weiß ja doch, daß sie mich liebt.
Drum klag ich nicht in weiter Ferne,
    Weil Neid der Liebe Weg belauscht,
    Wenn auch nicht Wort mit Wort sich tauscht,
Mir strahlt ein Trost im Abendsterne;
    Aus seinen milden Strahlen quillt
    Mir meiner Liebe trautes Bild.

Turnerlust

Was zieht dort unten das Tal entlang,
　Eine Schar im weißen Gewand –
Wie mutig brauset der volle Gesang!
　Die Töne sind mir bekannt.
Sie singen von Freiheit und Vaterland,
Ich kenne die Scharen im weißen Gewand.
　　Hurra! Hurra! Hurra!
　　Die Turner ziehen aus.
Die Turner ziehen ins grünende Feld
　Hinaus zur männlichen Lust;
Daß Übung kräftig die Glieder stählt,
　Mit Mut sich füllet die Brust.
Drum schreiten die Turner das Tal entlang,
Drum tönet ihr mutiger froher Gesang:
　　Hurra! Hurra! Hurra!
　　Du fröhliche Turnerlust!
O sieh, wie kühn sich der Blick erhebt,
　Wenn der Arm den Gegner erfaßt!
Und frei, wie der Aar durch die Lüfte schwebt,
　Fliegt auf der Turner am Mast;
Dort schaut er weit in die Täler hinaus,
Dort ruft er's froh in die Lüfte hinaus:
　　Hurra! Hurra! Hurra!
　　Du fröhliche Turnerlust!
Es ist kein Graben zu tief, zu breit,
　Hinüber mit flüchtigem Fuß!
Und trennt die Ufer der Strom so weit,
　Hinein in den tosenden Fluß!
Er teilt mit dem Arm der Fluten Gewalt,
Und aus den Wogen sein Ruf noch schallt:
　　Hurra! Hurra! Hurra!
　　Du fröhliche Turnerlust!
Er schwingt das Schwert in der starken Hand,
　Zum Kampfe stählt er den Arm;
O dürft er's ziehen fürs Vaterland!
　Es wallt das Herz ihm so warm.
Und sollte sie kommen, die herrliche Zeit,
Sie fände den tapfern Turner bereit.
　　Hurra! Hurra! Hurra!
　　Wie ging's dann mutig in Feind!
So wirbt der Turner um Kraft und Mut
　Mit Frührots freundlichem Strahl,
Bis spät sich senket der Sonne Glut
　Und Nacht sich bettet im Tal;
Und klingt der Abendglockenklang,
Dann ziehn wir nach Haus mit fröhlichem Sang:

Hurra! Hurra! Hurra!
 Du fröhliche Turnerlust!

Wilhelm der lieben Mutter an ihrem Geburtstage

[1819]

Was bring ich denn in Deiner Kinder Reihn
O Mutter! Dir an Deinem Ehrentage?
Darf ich Dir wohl zum Angebinde weihn
Was heute ich im vollen Herzen trage?
Nein Du verschmähest nicht was ich gefühlt,
So nimm es hin, mög es Dir Freude bringen
Und mög es aufwärts zu dem Vater dringen
Der unsre Gute Mutter stets erhielt.
Oh! sieh wie fröhlich alles zu Dir dringt,
Wie sie Dir reichen ihre kleinen Gaben,
Wie glücklich jedes, daß es etwas bringt,
Wie glücklich sie sich dünken Dich zu haben.
Doch hast der Gaben schönste Du erblickt?
Die Liebe ist's die Dir aus allen Blicken
Entgegendringt, das kindliche Entzücken
Das Dich und uns an diesem Tag beglückt.
Doch sag woher den tränenschweren Blick,
Der uns betrübt an unsrem Freudentage?
Ist nicht vollendet unsres Hauses Glück?
So stört uns noch der Mutter stille Klage?
Ist es Erinnerung was Dir das Auge trübt?
Gedenkst Du wohl an die, so früh geschieden,
Die schon enteilten zu dem ew'gen Frieden
Die Du so zärtlich alle hast geliebt?
Hernieder schwebten sie vom schönern Land
Sie stehen hier in ihrer Kinder Kreise,
Sie führen uns zur Mutter, Hand in Hand,
Und rings um Dich erblickst Du keine Waise;
Und leise lispeln sie Dir ihren Dank,
Daß Du bewahrtest, wie Du fest geschworen,
Die Kleinen, die sie nicht für sich geboren,
Und daß das Werk so herrlich Dir gelang.
Drum freut euch Kinder, freut euch und gedenkt
Daß wo der Stern der Gnade aufgegangen
Auch uns ein Licht der Liebe ward geschenkt,
Das mit so warmer Treue uns umfangen. –
Fest hoffen wir noch lange Dich zu sehn
In heitrer Ruh umspielt von Deinen Lieben
Bis Du uns zuführst den Geliebten drüben,
Ja! dieser Glaube kann nicht untergehn.

Zum 17. Januar

[An Grüneisen]

Dich benedeit mein Lied, du freudenvolle Sonne,
Dich preise ich anjetzt, o Tag voll Glück und Wonne,
An dem mein Ohm, der Herr Oberregierungsrat
Grüneisen, diese Welt als kleines Kind betrat.
Sein Nam ist wunderlich und doch voll tiefem Wesen,
Als hätte man Grüneisen just für ihn erlesen;
Denn grün bedeutet frisch, als wie ein grüner Baum,
Der lustig blüht und sproßt an eines Baches Saum;
Und Eisen, das ist stark, ganz über alle Maßen
(Man kann daraus Geschirr und Öfen gießen lassen).
Es dauert ewig fort, noch ewiger als Stein,
Drum muß in deinem Namen auch das Eisen sein.
Ein Eisen, grün und frisch, wie schöne Eichensprossen,
Ein grüner Stamm, so fest, als wie aus Erz gegossen:
Das ist das rechte Bild für einen weisen Mann,
Der unter Schmerzen noch so heiter lächeln kann!
Doch bleibt ihr Schmerzen fern, euch wollt ich gar nicht loben,
Man braucht euch auch nicht hier, um seine Kraft zu proben
Denn noch weit fröhlicher scherzt ohne euch sein Mund,
Drum bleib er jetzt und noch viel Jahre lang gesund!
So grün' und blühe fort, gußeiserner Grüneisen!
Mögst dich, du grüner Stamm, wie Stahl und Erz erweisen.
Der Herr behüte dich und segne deinen Lauf!
Dies sind die Wünsche deines Neffen Wilhelm Hauff

Zur Erinnerung an die Neckarbrücke

Dort draußen auf der Brücke,
    Da liegt ein schönes Haus,
Da fliegen Liebesblicke,
    Sie fliegen ein und aus.
Dort draußen auf der Brücke,
    Saßen wir wohl tausendmal,
Da streiften unsre Blicke
    Hinab ins schöne Tal.
Wir sahn des Neckars Wogen
    Im Abendrot erglühn,
Sahn, wie die Herden·zogen
    Im jungen Wiesengrün.
Da zogen Herrn und Damen
    An unsrem Blick vorbei;
Sie wurden, wie sie kamen,
    Gemustert nach der Reih.
Doch alle, welche kamen,
    Waren nicht so interessant,
Als drei bildschöne Damen
    Nicht weit vom Neckarstrand.
Nach ihrem Fenster drüben
    Ging wohl so mancher Blick,
Oft kam von den drei Lieben
    Ein holder Blick zurück.
Doch *einen!* ach! nur *einen,*
    Beglückt ein hold Gesicht;
Drei Sonnen taten scheinen,

    Uns leuchtet keine nicht.

Sommer und Winter 1822/23

Zur Feier des 18. Junius

I

Seid mir gegrüßt im grünen Lindenhain,
Seid mir gegrüßt, ihr meine deutschen Brüder;
Auf! sammelt euch in festlich frohen Reihn,
Stimmt fröhlich an des Sieges Jubellieder;
Daß heut der stolze Adler niedersank,
Daß sich mein Volk einlöste mit dem Schwerte
Sein Heldentum, der Freiheit Ruhm, die deutsche Erde,
Trag's zu den Wolken, donnernder Gesang!
Trübt auch die Wolke unsers Festes Glanz,
Sind auch zerschlagen schon des Siegs Altäre,
Die jüngst noch, in dem jungen Siegerkranz,
Der Deutsche weihte seines Volkes Ehre;
Mög Arglist auch und Trug mit finstrem Bann
Dem Siegervolke noch die Zunge binden,
Begeisterung, des Jünglings Dank soll's laut verkünden
»Wer *dort* gekämpft, fiel nicht für einen Wahn!«
Denn auferstehen soll ein neu Geschlecht,
Wir fühlen Kraft in uns, uns dran zu wagen,
Zu kämpfen für die Wahrheit und das Recht,
Um deutsch zu sein, wie in der Vorzeit Tagen!
Ein hoher Sinn stieg auf aus blut'gem Streit,
Es kehrt der biedre Geist der Väter wieder,
Und stolzer stehn, in deutscher Kraft und frei, o Brüder!
Wir auf den Trümmern der vergangnen Zeit.
Drum tretet mutig in die Kämpferbahn,
Noch gilt es ja, das Ziel uns zu erringen!
Fürs liebe Vaterland hinan! hinan!
Doch nur von innen kann das Werk gelingen,
Und nicht durch Völkerzwist, durch Waffenruhm,
Nein, unser Weg geht durch Minervas Hallen;
Laßt uns vereint zum Ideal, zum Höchsten wallen,
Erschaffen uns ein echtes Bürgertum!
Ja! so ersteht ein freies Vaterland,
O Bruderbund, dies hast du dir erkoren!
Hebt in die Lüfte auf die treue Hand,
Dem Vaterlande sei es fest geschworen!
O schöne Saat! der junge Stamm erblüht,
Und schützend ragt er auf, wie Deutschlands Eichen,
Blüh schöner Stamm, die Sonne kommt, die Schatten weichen,
Und fern dahin die dunkle Wolke zieht.

II

Ferne in der fremden Erde,
Ruhet ihr bei eurem Schwerte,
In des Todes sichrer Hut:
Heil'ger Frieden
Lohnt euch Müden
Nach des Tages heißer Glut.
Hörtet Siegesdonner schallen,
Feindesfahnen saht ihr fallen,
Als der Tod das Auge brach:
Heil euch Lieben!
Träumet drüben
Von des Sieges goldnem Tag.
Selig preis ich eure Lose
In der Erde kühlem Schoße,
Denn ihr saht der Freiheit Licht!
Saht sie steigen
Über Leichen,
Wie die Sonn durch Wetter bricht.
Hier in eurem Siegestale,
Denken wir beim Todesmahle
Innig eurer Siegerschar,
Und wir gießen,
Euch zu grüßen,
Tränen auf den Festaltar.

III

(Weise: Wo Mut und Kraft)

Reiß ab den Trauerflor, der dich verhüllte,
Schwing dich herab und brich den dumpfen Schmerz,
Nach dir, nach dir, nach deinem Götterbilde
Sehnt sich so innig deiner Söhne Herz;
O komm, die Schwerter blinken,
Des Altars Kränze winken,
Für dich, o Freiheit, ist der Hain geschmückt,
Zu deinem Kranz die Blumen dort gepflückt.
Denn, wo ein Volk, der Knechtschaft Joch zu brechen,
Sich Mann für Mann die treue Rechte beut
Und sich erhebt, die alte Schmach zu rächen,
Und Gut und Leben für das Höchste weiht,
Da steigt aus Himmelhöhen
Herab dein süßes Wehen,
Du fliegst voran, du ziehst das Siegerschwert
Und stehst mit ihnen für der Heimat Herd.
Und wo im Tal die Banner sich entrollen,
Zu Sieg und Tod die Kriegsdrommete klingt,
Wo sie für dich das Herzblut freudig zollen,
Und aufs ersiegte Land der Jüngling sinkt:
Da schwebst du mild hernieder,
Führst die gefallnen Brüder
Im Siegesdonner aus dem blut'gen Tal
Hinauf, hinauf in deinen Heldensaal.
Doch wo ein Volk aus seinen Freudeträumen
Zu armer, trüber Wirklichkeit erwacht,
Wo aus der Morgenröte goldnen Säumen
Ein trübes Licht in kalten Nebeln tagt,
Entschwebte da auf immer
Dein froher Hoffnungsschimmer? –
Du weilest noch – ein Stamm ist dir noch treu,
Groß ist der Mut, wie klein die Schar auch sei!
Wo *ein* Gefühl in jeder Brust geklungen,
Wo *eine* Sehnsucht aus dem Auge quillt,
Wo Jünglingsherzen eine Glut durchdrungen,
Da säumst du nicht, du holdes Götterbild:
Drum senke dein Gefieder
Zu deinem Altar nieder!
Du nahst, du nahst – ich höre deinen Gang
Hoch über unsrer Hymnen Festgesang.

IV

So nahst du wieder, holde Siegesfeier,
Die unsre Brust mit süßen Träumen füllt,
Die mit der Freude dichtgewebtem Schleier
Das trübe Bild der Gegenwart verhüllt;
Du nahst – und alle Herzen schlagen freier,
Gesang und Jubel tönet durchs Gefild,
Und meiner Brüder frohe Blicke sagen:
»Es war *mein* Volk, das diese Schlacht geschlagen!«
Es *war* mein Volk! und nicht die frohen Binden
Von Eichlaub sollten schmücken das Gelag;
Wohl sollten wir Zypressenkränze winden,
Um mancher Hoffnung frühen Sarkophag;
Doch – den Gefallnen laßt uns Kränze winden,
Und einmal noch am frohen Siegestag,
Weil rings um uns des Sieges Früchte welken,
Laßt uns in der Erinnrung Träumen schwelgen.
Drum grüß ich dich, du Feld, wo sie gefallen,
Wo froh ihr Aug im Siegesdonner brach!
Drum grüß ich euch in euern Wolkenhallen,
Ihr Tapfern, die ihr tilgtet unsre Schmach!
Euch tapfern Sängern, euch ihr Helden allen,
Euch tönen unsre Liebesgrüße nach,
Und euch, die ihr dem Auge schnell entschwunden,
Der jungen Freiheit kurze Frühlingsstunden!
Und hätte man den Denkstein euch zerschlagen
Und eure Kränze in den Staub gedrückt:
Die Blumen haben in des Frühlings Tagen
Der Helden Grab mit neuem Grün geschmückt.
So keimt auch unsre Hoffnung unter Klagen;
Denn ob der Sturm sie Blatt für Blatt zerpflückt,
Neu sproßt sie aus dem Hügel eurer Leichen,
Und Gott wird wachen über ihren Zweigen.

V

Wo *eine* Glut die Herzen bindet,
Wo Aug dem Auge nur verkündet,
Was Sehnsucht in dem Herzen spricht;
Wo, wenn der Sturm die Form zerspaltet,
Die Gottheit in den Trümmern waltet,
Kennt man der Liebe Trennung nicht.
Heran, ihr Brüder! Nord und Süden,
Ob euch des Herrschers Wink geschieden,
Laßt uns *ein* Volk von Brüdern sein:
Schließt ja in Schönbunds weiten Auen
Von allen Strömen, allen Gauen
Ein Rasen unsre *Brüder* ein.
Wohl ist der Siegsgesang verklungen,
Ganz anders wird jetzt vorgesungen,
Ganz andre Weisen spielt man vor;
Doch tönt, von Wehmut fortgetragen,
Ein Ton noch aus den bessern Tagen.
Und schlägt an manch empfänglich Ohr.
Hört ihr auf Frühlings leichten Schwingen
Den alten Ton herüberklingen
Von unsrer Brüder Schlachtgefild?
Der *Einklang* ist's von tausend Tönen,
Der mächtig in Germanias Söhnen
Zu der Begeistrung Wogen schwillt.